道路路网基础设施运行状态评估与预测

凌建明 田雨 杨轸 杨群 著

·上海·

图书在版编目（CIP）数据

道路路网基础设施运行状态评估与预测/凌建明等著.—上海：同济大学出版社，2023.3
ISBN 978-7-5765-0308-1

Ⅰ.①道… Ⅱ.①凌… Ⅲ.①道路网－基础设施建设－研究 Ⅳ.①U412.1

中国版本图书馆CIP数据核字（2022）第156306号

道路路网基础设施运行状态评估与预测

凌建明　田　雨　杨　轸　杨　群　著

出 品 人：金英伟
责任编辑：吕　炜
助理编辑：邢宜君
责任校对：徐春莲
封面设计：陈益平
排版制作：嵇海丰

出版发行	同济大学出版社　www.tongjipress.com.cn	
	（地址：上海市四平路1239号　邮编：200092　电话：021-65985622）	
经　　销	全国各地新华书店、建筑书店、网络书店	
印　　刷	常熟市华顺印刷有限公司	
开　　本	787mm×1092mm　1/16	
印　　张	9.25	
字　　数	231 000	
版　　次	2023年3月第1版	
印　　次	2023年3月第1次印刷	
书　　号	ISBN 978-7-5765-0308-1	
定　　价	68.00元	

版权所有　侵权必究　印装问题　负责调换

前　言

道路路网是国民经济和社会发展不可或缺的交通载体之一，其运行的可靠性、安全性和通畅性取决于内部各个道路基础设施的运行状态及整体协同程度，并通过对道路路网基础设施服役性能和交通运行状态的智能联网监测预警予以保障。区域/跨区域道路路网基础设施运行状态的评估与预测面临设施种类多、数量大、与路网交通运行耦合性强等问题，传统的力学模型分析方法主要适用于单一设施，对区域/跨区域路网条件不再适用。同时，区域/跨区域道路路网基础设施的运行状态既包含设施的服役性能，也包含路网的交通运行状态，而设施服役性能的衰变与路网交通流的重分配之间其实存在很强的耦合作用。由于缺乏相应的分析理论和方法，以往针对道路路网基础设施的监测预警和运行维护难以实现二者的协同作业。随着我国公路网、城市道路网的拓展延伸以及区域间联系的日益紧密，道路路网基础设施作为一个协同运行的整体来承担交通流的趋势愈发凸显。针对当前道路路网基础设施监测监管已从单一设施向路网层级跨越、道路路网基础设施运行状态评估与预测的基础理论和分析方法缺乏的问题，一方面，需要基于机器学习原理和丰富的巡检/监测数据，研究数据驱动与力学模型相融合的道路路网基础设施运行状态分析方法，实现评估的准确性和预测的自校准，弥补路网层级设施状态分析的理论缺失；另一方面，需要通过路网拓扑分析与多尺度交通行为仿真，建立道路基础设施服役性能–路网交通运行状态耦合分析理论，实现二者交互作用动态平衡的解算，提高运行状态评估与预测的准确性。

笔者依托国家重点研发计划项目——道路设施状态智能联网监测预警(2018YFB1600300)，由同济大学牵头联合多家高校、科研机构和行业企业进行科研攻关，聚焦道路基础设施联网监测/智能巡检指标体系、数据驱动–力学模型融合的道路设施状态分析方法、道路设施服役性能与路网交通运行状态的耦合机理三个层面，形成道路路网基础设施运行状态评估与预测理论。

全书共7章，其中，第1章绪论概述了道路路网基础设施特点，阐释了运行状态评估预测的内涵、意义、研究现状及基本方法；第2章道路路网基础设施运行状态智能巡检/联网监测指标体系，介绍了道路路网基础设施智能巡检与联网监测技术背景与特征，探究了道路路网基础设施运行状态的特点，从道路路网基础设施服役性能、路网交通运行状态指标、道路路网运行状态影响因素三个方面构建了统一、协同的道路路网基础设施智能巡检/联网监测指标体系；第3章路网条件下单体道路基础设施服役状态评估方法，介绍了路网条件下单体道路基础设施服役性能评估的基本原理，结合神经网络模型的技术原理与建模策略，提高了路网条件下单体道路基础设施服役性能评估的准确性与效率；第4章路网条件下单体道路基础设施服役状态预测方法，介绍了路网条件下单体道路基础设施状态预测的基本原理，道路设施性能预测领域的数据驱动-力学模型融合方法，实现了路网条件下单体道路基础设施服役性能准确、高效、稳定的预测；第5章道路基础设施服役性能与路网交通运行状态耦合理论，介绍了路网条件下道路基础设施性能与交通运行状态相互影响的特点，结合实车试验、驾驶模拟探究了道路设施状态对路网交通影响特征，构建了基于改进路段阻抗模型的路网交通流仿真模型，开发了面向设施性能和交通状态耦合分析的路网动态交通仿真系统；第6章道路路网基础设施运行状态评估方法，介绍了道路路网基础设施运行状态评估的基本原理，提出了基于道路基础设施固有属性和交通影响性的组合赋权方法，提出了基于组合权重和模糊数学的路网层级综合评估方法；第7章道路路网基础设施运行状态预测方法，介绍了道路路网基础设施运行状态预测的基本原理，提出了道路基础设施服役性能分级与模糊评价方法，实现了既有/新建道路路网基础设施状态转移预估。

由于时间所限，书中难免存在不足之处，敬请广大读者批评指正。

著者

2022年11月于上海

目 录

前言

1 绪论 ··············· 001

    1.1 道路路网基础设施的特点 ··············· 001

    1.2 道路路网基础设施运行状态评估和预测的内涵与意义 ··············· 001

    1.3 道路路网基础设施运行状态分析的研究现状 ··············· 002

        1.3.1 道路路网基础设施服役状态评估 ··············· 002

        1.3.2 道路路网基础设施服役状态预测 ··············· 009

        1.3.3 道路路网通行能力分析 ··············· 016

        1.3.4 道路路网交通路径选择 ··············· 018

    1.4 道路路网基础设施运行状态评估与预测的基本方法 ··············· 020

2 道路路网基础设施运行状态智能巡检/联网监测指标体系 ··············· 023

    2.1 道路路网基础设施智能巡检与联网监测 ··············· 023

    2.2 道路路网基础设施运行状态的特点 ··············· 024

    2.3 道路路网基础设施运行状态的影响因素 ··············· 026

    2.4 道路路网基础设施服役性能指标体系 ··············· 030

        2.4.1 道路路网路面设施服役性能指标体系 ··············· 030

        2.4.2 道路路网基础结构服役性能指标体系 ··············· 037

    2.5 道路路网基础设施交通运行状态指标体系 ··············· 041

3 路网条件下单体道路基础设施服役状态评估方法 ··············· 045

    3.1 路网条件下单体道路基础设施服役性能评估的基本原理 ··············· 045

3.2 面向道路基础设施服役性能评估的神经网络技术 ································ 046
　　3.2.1 神经网络模型的技术原理 ································ 046
　　3.2.2 神经网络映射模型的建模策略 ································ 049
3.3 路网条件下单体道路基础设施服役性能评估模型 ································ 054

4 路网条件下单体道路基础设施服役状态预测方法 ································ 063
4.1 路网条件下单体道路基础设施预测的基本原理 ································ 063
4.2 面向道路基础设施服役性能预测的数据驱动-力学模型融合方法 ································ 064
　　4.2.1 数据驱动的机器学习模型对比与选取 ································ 064
　　4.2.2 基于力学模型拓展样本数据库的融合方法 ································ 068
　　4.2.3 基于迁移学习的融合方法 ································ 068
　　4.2.4 基于力学模型约束的损失函数的融合方法 ································ 069
4.3 路网条件下单体道路基础设施服役性能预测模型 ································ 070

5 道路基础设施服役性能与路网交通运行状态耦合理论 ································ 075
5.1 路网条件下道路基础设施性能与交通运行状态相互影响的特点 ································ 075
5.2 道路基础设施服役性能差异下的实车试验及驾驶模拟试验 ································ 077
　　5.2.1 道路舒适度评测实车试验 ································ 077
　　5.2.2 驾驶模拟试验及问卷调查 ································ 085
　　5.2.3 道路设施状态对路网交通影响特征 ································ 095
5.3 基于改进路段阻抗模型的路网交通流仿真模型 ································ 095
　　5.3.1 改进的路段阻抗模型 ································ 096
　　5.3.2 路网交通流仿真模型构建 ································ 097
　　5.3.3 路网交通流仿真算法实现 ································ 098
5.4 面向设施性能和交通状态耦合分析的路网动态交通仿真系统 ································ 099
　　5.4.1 大规模示范路网数据 ································ 101
　　5.4.2 路网交通仿真系统总体框架 ································ 101
　　5.4.3 路网交通仿真系统性能测试 ································ 103

6 道路路网基础设施运行状态评估方法 107

6.1 道路路网基础设施运行状态评估的基本原理 107
6.2 基于道路基础设施固有属性的赋权方法 108
  - 6.2.1 灰色模糊聚类与赋权方法 108
  - 6.2.2 建立原始属性矩阵 108
  - 6.2.3 数据标准处理 108
  - 6.2.4 建立关联度集 109
  - 6.2.5 建立灰色关联矩阵 110
  - 6.2.6 聚类分析 111
  - 6.2.7 权重分配 111
6.3 组网道路设施的交通影响性分析与赋权 112
  - 6.3.1 交通影响性分析方法与赋权理论 112
  - 6.3.2 路网连通图与割集矩阵建立 114
  - 6.3.3 路网交通流分析 115
  - 6.3.4 最大流量最小割集求解 116
  - 6.3.5 权重分配 117
6.4 道路路网基础设施的组合赋权方法 118
6.5 基于组合权重和模糊数学的路网层级综合评估 118

7 道路路网基础设施运行状态预测方法 121

7.1 道路路网基础设施运行状态预测的基本原理 121
7.2 道路基础设施服役性能分级与模糊评价 122
7.3 既有道路路网基础设施状态转移预估 123
7.4 新建道路路网基础设施状态转移预估 124
  - 7.4.1 建立灰色预测模型 124
  - 7.4.2 模型预测精度检验 125
  - 7.4.3 残差修正 127

参考文献 129

1 绪 论

1.1 道路路网基础设施的特点

交通运输是国民经济和社会发展的命脉，道路网是区域交通的主要载体之一。随着我国公路网、城市道路网的拓展延伸以及区域间联系的日益紧密，路网内各类道路基础设施作为一个协同运行的整体来承担路网交通的趋势愈发凸显。路网层级的基础设施性能评估与态势分析，包含路网内多类道路基础设施的多方面服役性能的评价和预测。而道路路网基础设施的显著特点带来了一系列量化难题：第一，庞大的同类道路基础设施数量对路网层级的设施性能评估效率提出了更为严苛的要求；第二，各类道路基础设施显著的差异导致难以利用传统的力学模型对多工况进行一致性评估；第三，单一设施服役性能衰变会导致全域路网交通的重新分配，而针对单一设施的力学模型方法难以评估路网整体状态。

1.2 道路路网基础设施运行状态评估和预测的内涵与意义

随着我国道路基础设施建设的持续推进和区域/跨区域路网的不断拓展延伸，以及使用者出行规划和管理者养护决策对路网内部协同运行能力提出了更高的要求，迫切需要突破传统的道路设施评估方法。针对单一设施、采用力学模型的传统评价方法，难以满足大数据、信息化、人工智能等发展浪潮下对区域/跨区域路网层级的道路基础设施运行状态进行综合评价与态势预估的需求。本章针对传统评价方法的不足，聚焦"数据驱动-力学模型融合"和"设施服役性能-路网交通耦合"两大创新技术和理论突破，研发适用于区域/跨区域路网条件下的道路基础设施运行状态评估和预测新理论与新方法。针对道路基础设施运行状态评估，建立道路路网基础设施运行状态智能巡检/联网监测指标体系，构建数据驱动的单体道路基础设施服役状态评估模型；在传统基于力学模型的评估方法的基础上，利用区域/跨区域联网检测、监测数据，建立"数据驱动-力学模型融合"的单体道路基础设施服役性能预测方法。针对态势预测，探究道路基础设施服役性能与路网交通运行状态之间的耦合关系，综合考虑道路基础设施固有属性与交通影响性，提出路网层级道路基础设施运行状态综合评估方法；研究海量历史序列巡检/监测数据下给定预测时间点的基础设施运行状态变化，实现运行态势的推演分析。本书的研究成果对于指导道路基础设施智能巡检和在线监测、提升路网设施管理服务水平以及推动行业科技发展具有重要意义。随着交通强国战略的持续推进，本书的研究成果不仅在京津冀地区、长三角城市群、粤港澳大湾区等经济发展快、人口聚集、交通网络发达的区域具有推广应用价值，而且对于未来国家路网在可靠性、安全性和通畅性方面的总体评估具有广阔的应用前景。

1.3 道路路网基础设施运行状态分析的研究现状

1.3.1 道路路网基础设施服役状态评估

道路设施性能评价工作始于20世纪60年代初美国的AASHO道路试验。AASHO道路试验提出了路面使用（服务）性能的评价指标，并建立了用于路面评价的现时服务能力指数（Present Serviceability Index，PSI）模型，这对于世界各国路面管理技术的发展产生了重要影响[1]。PSI模型将路面检测基础数据与专家评分方法相结合，通过对大量试验数据的回归分析，在专家调查评分的基础上，建立了PSI与路面状况的关系，按式（1-1）和式（1-2）计算：

沥青路面：$PSI = 5.03 - 1.91\lg(1+SV) - 0.01\sqrt{C+P} - 0.21RD^2$ （1-1）

水泥路面：$PSI = 5.41 - 1.80\lg(1+SV) - 0.05\sqrt{C+3.3P}$ （1-2）

式中 SV——平均坡度变化；

C——路面裂缝面积，$m^2/1\ 000\ m^2$；

P——修补面积，$m^2/1\ 000\ m^2$；

RD——车辙评价深度，cm。

美国某军事机构提出了基于扣分法的机场道面路面状况指数（Pavement Condition

Index，PCI）模型，该方法采用百分制，认为刚投入使用的路面PCI值为100%。这一道面表观状况评价指标被美国联邦航空管理局（Federal Aviation Administration，FAA）推荐，目前在国际上被广泛采用[2, 3]。PCI按式（1-3）计算：

$$PCI = \left(100 - \sum_{i=1}^{n}\sum_{j=1}^{m} DP_{ijk} W_{ij}\right) \times 100\% \quad (1-3)$$

式中　i——破坏种类；

　　　j——破坏程度；

　　　DP_{ijk}——基于破坏种类、程度、范围的单向扣分值；

　　　W_{ij}——多种破损综合修正权重（由修正曲线确定）。

日本在20世纪80年代初建立了基于路面管理者的路面使用性能评价模型，即养护管理指数（Maintenance Control Index，MCI），采用多元回归分析技术建立了MCI与道路平整度、路面裂缝情况、车辙等因素之间的非线性关系[4]，按式（1-4）计算。

$$\left.\begin{array}{l} MCI = 10 - 1.48C^{0.3} - 0.29D^{0.7} - 0.47\delta^{0.2} \\ MCI_0 = 10 - 1.51C^{0.3} - 0.30D^{0.7} \\ MCI_1 = 10 - 2.23C^{0.3} \\ MCI_2 = 10 - 0.54D^{0.7} \end{array}\right\} \quad (1-4)$$

式中　C——裂缝率；

　　　D——车辙评价深度，mm；

　　　δ——纵向平整度标准偏差，mm。

MCI取值范围在0~10，该模型之所以有多种形式，主要是为了适应不同路面状况的需要。

此外，还有加拿大的行驶舒适性指数（Ride Comfortability Index，RCI）模型[5]、英国的道路状况指数（Road Condition Index，RCI）模型等都是针对本国道路设施性能评价服务的。世界银行开发建立了针对路面裂缝的通用路面裂缝指标（Universal Crack Index，UCI）模型，按式（1-5）计算，该模型主要考虑了裂缝对路面使用性能的影响，简单实用，但局限是对路面其他状况的考察较少，故很少用于路面使用性能综合评价中。

$$UCI = 100(l_L w_L + l_T w_T + l_A w_A)/A \quad (1-5)$$

式中　l_L，w_L——纵向裂缝的长度和宽度，mm；

l_T，w_T——横向裂缝的长度和宽度，mm；

l_A，w_A——龟裂的长度和宽度，mm；

A——路面面积，mm^2。

在我国，20世纪80年代末期，交通运输部公路科学研究所根据我国的路面状况，在参照国外模型的基础上，确定了我国的路面使用性能评价模型。试验组织了专家进行以行驶舒适性和路面状况为重点的专家评价和路面数据检测。经过数据分析和整理，建立了一般公路路面使用性能评价的RIOH模型。我国2007版《公路技术状况评定标准》（JTG H20—2007）规定了路面使用性能评价体系和标准，确定了路面使用性能评价的五个分项指标和一个综合指标，即路面破损状况指数（PCI）、路面行驶质量指数（Riding Quality Index，RQI）、车辙深度指数（Rutting Depth Index，RDI）、抗滑性能指数（Skidding Resistance Index，SRI）、结构强度指数（Structure Strength Index，SSI）和路面技术状况指数（Pavement Quality Index，PQI）。其中，PQI由PCI，RQI，RDI，SRI计算得到，按式（1-6）计算，路面结构强度（Pavement Structure Strength Index，PSSI）主要作单独评价。我国2018版《公路技术状况评定标准》（JTG 5210—2018）在此基础上引入了路面跳车指数（Pavement Bumping Index，PBI）和路面磨耗指数（Pavement Wearing Index，PWI），并调整了RQI计算的权重。

$$PQI = w_{PCI}PCI + w_{RQI}RQI + w_{RDI}RDI + w_{SRI}SRI \tag{1-6}$$

式中，w_{PCI}，w_{RQI}，w_{RDI}，w_{SRI}分别为PCI，RQI，RDI，SRI的权重。

除路面技术状况指数PQI之外，《公路技术状况评定标准》（JTG 5210—2018）还包含路基技术状况指数（Subgrade Condition Index，SCI）、桥隧构造物技术状况指数（Bridge Condition Index，BCI）和沿线设施技术状况指数（Traffic-facility Condition Index，TCI），经过赋权计算可得到路段综合评价指标（Maintenance Quality Indicator，MQI），按式（1-7）计算。

$$MQI = 0.70PQI + 0.08SCI + 0.12BCI + 0.10TCI \tag{1-7}$$

考虑到各类规范、标准推荐的简单评价模型不能全面地反映出路面实际的复杂状况，且在评价过程中对权重的确定以及破损率等的判断存在主观性较大等问题，相关学者相继推出了更加科学合理且具有可操作性的道路设施使用性能评价模型。目前较为成熟的评价方法可归纳为以下几类。

1. 基于回归模型的道路设施性能评价方法[6,7]

路面的使用要求既带有客观属性，又带有主观属性，因此通常都依靠专家评分技术，用多元回归的方法来建立客观与主观、因与果的联系，以实现对路面使用性能的评价，美国的PSI、日本的MCI和我国的PQI等均属于此类。回归模型以大量统计数据为基础，建立路况综合评价指标与各影响因素之间的函数关系式，其以实测数据为基础，有科学依据，而且评价模型简单，路面综合指标的各分项指标清楚，因此在路面使用性能评价研究初期占有很重要的位置。但随着研究的深入，回归法的缺陷也暴露出来，这主要是因为路面本身就是一个复杂的体系，具有随机性和模糊性，且数据的偶然性大，存在误差，对主客观的复杂对应关系的反映很难完全体现实际状况，加之模型的外推性差，导致不同地域的模型结构都不同。

2. 基于层次分析法的道路设施性能评价方法

层次分析法是把复杂问题中的各种因素通过划分为相互联系的有序层次，使之条理化。根据对客观事实的判断，通过专家调查，就每一层次的相对重要性给予定量表示，用数学方法确定表达每一层次的全部元素的相对重要性次序的权值，并应用排序结果来分析解决问题。层次分析法能将复杂问题分解为相互关联的各个有序的层次，使得各层次系统化、条理化，便于人们接受，所需定量数据信息较少。但层次分析法中的关键就是专家调查评分，由于人们对各种影响的看法和认识的不同，造成了判断结果的差异，因此这种方法客观性不足。

陆亚兴等[8]用层次分析法进行柔性路面损坏评价，将评价指标体系分为总目标层、评价准则层、损坏类别层和评价指标层共四个层次，根据层次分析模型上一层次因素与狭义层次因素之间的关系，制订排列判断元素调查表，通过专家咨询，构造出各个判断矩阵，并进行层次排序和总层次排序计算，得出各个评价指标的权重，再依次对其进行评价。

3. 基于模糊数学的道路设施性能评价方法[9]

对路面使用性能的评价和研究是一个复杂、不确定的过程，也是将主观和客观统一反映的过程。由于路面使用性能评价往往带有较大的模糊性、相对性和主观随意性，因此将模糊集合理论引入路面评价，并建立模糊评价集，通过对专家主观评分结果的整理和分析，得出各个指标模糊评价集的隶属度函数，通过隶属度函数以及路面实测指标对路面使用性能进行评价，可得出路面使用性能的综合评价矩阵。

之后依据评价指标的权数分配，得到综合评价模型。基于模糊数学的评价方法体现了道路路况中客观存在的模糊性和不确定性，符合客观规律，具有一定的合理性。但是在模糊综合评价中，一般采用线性加权平均模型得到判断集，其判断结果易出现失真、失效、均化等情况，故存在路况类别判断不准确或者结果不可比的问题。因此，在应用模糊数学进行路面使用性能评价时，合理分配权重是一个关键问题。

孙立军等[10]利用模糊数学的方法来描述路面使用性能评价和养护对策确定过程中的不确定性，以各使用性能参数的确定性评级为基础，将认为路面使用性能应被评为某种等级的专家的比例定义为路面使用性能对该评级的隶属度，采用多相模糊统计等方法建立了各指标对不同评级的隶属函数，继而导出路面使用性能的综合评价矩阵。王宁宁等[11]基于模糊数学原理，采用属性综合评价的思路和方法计算出各指标的属性测度，由系统计算的属性测度得到高速公路路段各项评价指标的属性测度矩阵，在各影响因素权重确定的环节上，考虑到主观赋权的随意性和客观赋权的误差性，采用向量夹角余弦和熵值法分配权重。

4. 基于灰色理论的道路设施性能评价方法

对于路面系统而言，有些信息是已知的，如路面结构、交通状况等，但大部分信息还是未知的，而在进行路面路况综合评价时，不可能在全部路面信息都清楚后再进行评价。运用灰色系统理论，认为路况的综合评价结果是路况的各种影响因素的综合反映，在信息不全的情况下，通过对已掌握的部分信息进行处理，采用定性和定量相结合的方式，可以将路面的综合路况确定在某一灰域内，以实现评价路面综合路况的目的。基于灰色理论的评价方法，既可以减少评价中人为因素的影响，提高评价方法的科学性和实用性，又可实现在现有路况数据相对较少的情况下进行路况综合评价的目的。灰色理论很好地解决了评价指标复杂、模糊的问题，有效降低了评价过程中人为因素的影响，是一种较为先进、科学、客观的评价方法。但这一方法的主要问题在于其权函数的确定要由经验来确定，灰色聚类系数的确定存在一定的主观经验性，评价结果按照最大隶属原则来确定，当各个聚类相差不大时则难以取舍，且各个评价指标的无量纲处理也会产生一定的误差。

资建民等[12]以路面损坏状况、抗滑能力以及平整度这三项指标作为灰色聚类指标并进行无量纲处理，再通过各指标的分级标准来确定白化权函数的起终点和阈值，最后由求得的各路况指标的聚类系数计算得到评价对象归属于某一灰类的聚类值，按照最大隶属原则确定该评价对象的灰类属性。杜朝伟等[13]采用灰色聚类方法进行路况综合评价，建立了沥青路面各指标的白化权函数和评价模型，并对实测数据进行分析评价，与规范评价进行对比，发现灰色聚类能比较客观地反映路面实际状况和各指标之间的相互影响。H. Fang[14]运用向量夹角余弦法计算各指标的权重，对传统的灰色聚类方法进行改进，并运用实测数据对改进的灰色聚类算法进行了验证，论证了该算法的可行性和实用性。

5. 基于物元分析的道路设施性能评价方法

物元分析理论是中国学者蔡文创立的一门介于数学和试验科学之间的新学科，是系统科学、思维科学、数学交叉的边缘科学，是贯穿自然科学和社会科学且应用较广的横断学科。物元模型以定量数值来表示路况处于某一等级标准的数值区间，可拓集合关联函数的应用，使路况的多指标评定更为精细化，因此该模型较好地给出了路况等级评定结果，也能够较完整地反映道路状况的综合水平。但是，对于道路使用性能评价这一复杂系统而言，物元分析法也存在一些不足。在确定权重系数的过程中如何合理分配各指标所占重要性程度的比例，如何合理构造关联函数，对于关联度大小相近的路段路况又该如何评定，这些都有待进一步的研究。

蒋红妍等[15]用物元分析方法建立了道路多指标性能参数的路况评定模型，根据道路运营过程中使用者、管理者的经验知识，把道路各分项状况分为优、良、中、次、差5个等级，并总结出各等级标准的数据范围，根据各级评价标准建立经典域物元矩阵，同时建立道路路况等级的节域物元矩阵，将待评价道路的各项实际指标代入各等级的集合中进行多指标评定。评定结果按与某等级集合的关联度大小进行比较，关联度越大表示与某等级集合的符合程度越高，从而得到道路综合状况的评定等级。王惠勇等[16]根据影响路面状况的路面状况指数、行驶质量指标、路面强度系数和路面抗滑能力系数等主要指标，提出了一种基于物元模型的路面状况等级综合评价方法。该方法采用路面状况等级、评价指标及其特征值来构建物元模型，并根据计算出的综合关联度实现对各路面状况等级的综合评判。朱光明等[17]应用模糊熵权和物元理论建立了多指标沥青路面性能评价模型，采用专家法与熵值法确定评价指标的权值，该模型可以同时反映评价分级的主观性和实测数据的客观性。

6. 基于人工智能的道路设施性能评价方法

随着计算机科学的飞速发展，将数据挖掘、机器学习等先进技术同道路设施状态评估等实际问题相结合，这在大数据处理、多源异构数据融合、非线性映射等方面具有独特优势，其能够处理很多数学方法无法解决的问题[18]。其中，神经网络是机器学习的一个重要分支，具有非线性映射、处理大规模数据、分布式存储以及自适应、自组织、自学习的特点。季天剑等[19]将神经网络应用在路面使用性能分析中，研究了路面使用性能指标中的路面破损状况同路面结构强度、路面平整度和路面抗滑能力之间的内在联系，从而通过强度、平整度和抗滑能力这三个比较容易得到的指标来预测路面破损的类型，从而减轻了路面破损调查的工作量。谢峰等[20]将T-S（Takagi-Sugeno）模糊理论与BP（Back Propagation）神经网络相结合，以高速公路沥青路面的路面状况指数、路面结构强度指数、道路行驶质量指数和路面抗滑性能指数这4个检测指标作为输入变量，根据模糊推理规则构建路面质量评价的非线性映射关系，去模糊化后得到各路段的精确评价结果，建立了路面使用质量的综合评价模型。用实际检测数据对该模型进行了验证，结果表明：该模型具有模糊系统的逻辑推理能力和神经网络的定量数据处理能力，与期望值的相对误差小于2.1%。王立国等[21]将可拓神经网络引入高速公路路面养护管理系统，用以解决路面使用性能分类评价的问题，发现可拓神经网络结构在高速公路路面使用性能评价方面具有结构设置简单、初始权值科学、训练时间短、准确率高、容错能力和泛化能力强等优点。

由于传统的神经网络采用基于梯度下降修改权值的学习方法，不可避免地存在局部极小、全局搜索能力差、收敛速度慢和动态特性不理想等一系列缺点。相关学者研究利用遗传算法的全局搜索能力、鲁棒性强等优点来弥补神经网络的不足[22, 23]。胡霞光等[24]将遗传算法同BP神经网络相结合，解决了网络收敛慢、易局部收敛的问题，发挥了遗传算法全局收敛性、自动寻优、并行快速的优点，利用遗传算法对网络权值与阈值进行优化，加快了模型的收敛，从而得到较优的模型参数。郭玲玲[25]基于遗传神经网络算法，建立了高速公路路面使用性能评价与预测模型，并评价和预测了吉林省某高速公路路面使用性能。结果表明：与BP神经网络预测PCI的结果相比，遗传神经网络预测的PCI结果更接近实际值，表明遗传神经网络模型的预测精度更高。张庆印[26]建立了基于遗传-神经网络的以路面裂缝率、破损率以及三米直尺测量值为输入，以PQI为输出的农村公路沥青路面使用性能评价模型。

整体而言，在当前路面评价中，研究者们在评价指标的选取和评价方法的构建方面已经开展了大量的研究工作，但也存在一些不足：①由于路面结构性能数据采集和路面结构力学响应分析的复杂性，对于路面结构性能的考虑仍然偏弱。②对于路面性能的单项评价指标的选择、评价方法和现有单项评价指标的合理性分析涉及较少。③基于数学模型的路面性能评价方法，在路面日常维护管理工作中应用程度较差，存在诸多不便。④路面使用性能各指标之间存在一定的相互联系，而在当前的评价方法中，对于该问题的考虑相对较少。

1.3.2 道路路网基础设施服役状态预测

对于道路基础设施性能衰变规律的研究，最早可追溯至美国的 AASHO 试验[27]。以此为基础，许多国家和地区建立了各自的路面性能衰变方程。由于研究目的的不同，方程的繁简程度和形式相差很大，其系数的数学、物理含义也不明确。国内外专家学者对路面使用性能的预测方法进行了大量研究，总体可分为以下三类。

1) 确定型模型

确定型模型是指在满足给定条件时，模型所给出的预测结果是唯一的。目前采用的预测模型多为确定型。确定型模型的常用表达式包括：直线、多项式曲线、负指数曲线和 S 形曲线等[28, 29]。确定型模型的建模方法主要有力学法、经验法和力学-经验法[30, 31]。

（1）力学法。力学法是利用弹性理论或其模型，通过路面结构力学响应分析得到路面在荷载作用下的应力、应变或位移反应[32]。力学模型理论基础较为成熟，具有较好的工况外推能力，但工作量偏大，使用过程较为复杂。此外，模型的理想假设往往与路面实际情况存在差异，模型参数难以描述影响因素的随机性和多变性，计算结果通常难以满足实际应用的精度要求。当前对于力学模型的研究已经积累了大量的成果[33]，但想要建立可靠、适用的力学模型仍待进一步的研究，囿于模型的缺点，力学模型在实际应用中较为少见。比较有代表性的力学模型为 J. B. Rauhut 等[34]提出的裂缝预测模型，按式（1-8）计算：

$$A_c = 0.19\exp(3.96DI) \tag{1-8}$$

式中 A_c——路面开裂率；

DI——损坏指数。

其中 DI 可按式（1-9）计算：

$$DI = c + a(L_1 + L_2)^b (E_s)^c (SN)^d (T)^e (L_2)^f \tag{1-9}$$

式中 a，b，c，$\cdots$，f——回归参数；

L_1——单轴荷载；

L_2——轴型系数;

SN——结构参数;

T——沥青层厚度,cm;

E_s——路基弹性模量。

(2)经验法。经验法主要采用统计方法描述路面的性能变化,通过相关性分析明确了路面使用性能的影响因素,以此为基础选择合适的统计回归方程,以实现对路面使用性能演化的回归分析。经验法模型通常具有分析方法简单和模型可调整性高的特点,对于现有数据通常具有较好的拟合效果,但由于模型参数来源于数据统计,模型精度与样本数据的质量以及和样本所表征的历史工况密切相关,模型的外延性往往较差。比较有代表性的经验回归模型是同济大学孙立军等提出的双参数模型[35],按式(1-10)计算:

$$PPI = PPI_0 \left\{ 1 - \exp\left[-\left(\frac{\alpha}{y}\right)^{\beta} \right] \right\} \tag{1-10}$$

式中 PPI——使用性能指数;

PPI_0——初始使用性能指数;

y——使用年数;

α,β——回归系数。

该方程能够统一描述四种典型的衰变模式,如图1-1所示,通用性强,可以很方便地定量研究交通、环境、结构和材料等因素对路面使用性能的影响,分析它

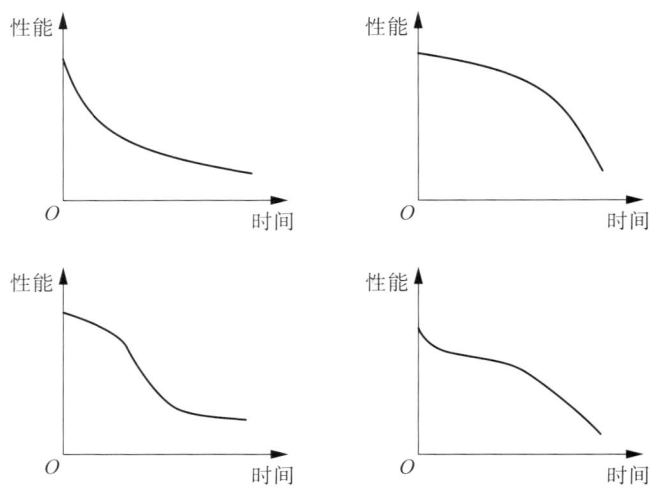

图1-1 四种典型的路面性能衰变模式

们之间的相互作用。

其他常见的回归模型包括韦布尔分布[36]、对数正态分布[37]和指数分布[38]等。由于预测模型简单可靠，因此在当前的路面管理中得到了广泛应用。但很多对比试验显示，不同模型在对不同地区的统计数据进行拟合时，拟合精度有较大差异，因此在选择回归模型时应综合考虑不同模型的预测效果。

(3) 力学-经验法。力学模型具有明确的理论基础，外推能力较强，相较而言，经验模型具有较强的拟合能力，因此，研究者结合二者优点构建了力学-经验法。力学-经验法通常由两部分组成，第一部分是力学分析，以确定路面各结构层的模量值，计算在设计条件下的临界应力、应变或位移值，从而确定模型中的变量和函数形式；第二部分是基于室内试验、现场试验以及经验回归方法，对力学模型及有关参数进行修正和标定。该方法是理论计算和实测数据相结合的产物，外推性较好，但也具有力学模型的缺点，如计算过程复杂、工作量较大、模型更新困难等。

力学-经验法的典型代表为AASHO所发展的力学-经验路面设计方法[39]，其中，疲劳裂缝预测首先需要计算沥青层疲劳损坏指数，然后通过标定数据在疲劳损坏指数及疲劳裂缝间建立联系。疲劳损坏指数建立在Miner定律基础上，按式(1-11)计算：

$$DI = \sum \left(\frac{n}{N_f} \right)_{j,m,l,p,T} \tag{1-11}$$

式中　DI——疲劳损坏指数；

　　　n——一定时期内的实际轴载；

　　　N_f——容许的轴载数；

　　　j，m，l，p，T——轴载间隔、轴载类型、货车类型、月份和温度参数。

自上而下裂缝按式 (1-12) 计算[40]：

$$FC_{top} = 10.56 \left[\frac{C_4}{1 + e^{C_1 - C_2 \lg(DI_{top})}} \right] \tag{1-12}$$

式中　FC_{top}——自上而下裂缝长度比；

　　　DI_{top}——自上而下疲劳损坏指数；

　　　C_4，C_1，C_2——回归系数。

需要注意的是，在力学-经验法中表征路面病害与疲劳损坏指数关系的转换函数是基于室内试验分析，该函数的拟合精度较低，这与在模型构建中某些因素被忽略有密切关系[41]。

此外，多位专家学者对道路基础设施使用性能方面都构建了相关预测模型。H. Khraibani等[42]建立了路面使用性能非线性预测模型。D. J. Mensching等[43]根据沥青路面罩面技术维护后路面使用性能的变化趋势，建立了罩面后的沥青路面使用性能预测模型。B. Aktas等[44]考虑交通量、温度、试验室和现场测试数据，建立了路面使用碎石封层后的宏观参数回归预测模型。Q. Dong等[45]建立了不同交通量下实施典型养护措施时沥青路面使用性能线性预测模型，并对各养护措施的效益进行了对比。D. Chen等[46]提出了S形路面衰减模型，运用数据处理程序对美国北卡罗来纳州路面管理系统中提取的路况数据进行处理，在此基础上建立S形路面使用性能预测模型，结果表明数据处理程序有效，数据处理后建立的非线性S形模型能够较为准确地预测路面的使用性能。刘伯莹等[47]根据广东和北京干线公路沥青路面历年积累的路况资料，通过整理和回归分析，建立了路面状况指数PCI和行驶质量指数RQI的预估模型。倪富健等[48]以京沪高速公路实测的国际平整度数据为基础，建立了基于时间序列的路面平整度预测模型，结果表明：和传统的logistic回归及多元回归预测模型相比，时间序列方法具有较高的预测精度，以及易修正的优点。武建民等[49]提出了带差分的自回归移动平均模型（Autoregressive Moving Average，ARMA），并通过淘汰预测期远端样本的方式来提高预测模型的精度。肖金平等[50]提出了湖南省高速公路路面行驶质量和路面破损状况余弦函数衰变模型曲线，并确定模型参数α为路面大修年限参数。

2）概率型模型

概率型模型是指对于给定的条件，给出不唯一预测结果的一类模型，它可以解决性能预测的不确定性问题。概率型预测模型包括残存曲线概率预测模型、贝叶斯概率预测模型、半马尔可夫概率预测模型和马尔可夫概率预测模型等，以及基于模糊数学、灰色理论的预测模型[51-53]。

在各类概率型模型中，马尔可夫模型的应用最为广泛，马尔可夫模型的主要步骤包括：模型选择、路况状态定义以及不同路面类型或养护措施对应的状态转移概率矩阵确定方法。其中，最重要的步骤即为状态转移概率矩阵的计算。在应用于路面管理时，马尔可夫模型首先明确了无后效性和静态转移过程的基本假设。静态转移过程的假设意味着外界因素的变化不影响转移概率，这与路面实际状态的变化明显不符，为解决该问题，有学者采用了细化生命周期阶段和建立随时间变化的转移概率矩阵的非齐次马尔可夫模型两种方法[54, 55]。而在实际应用中，常见的状态转移概率矩阵确定方法包括基于历史数据的总结[56]、基于力学模型的分析[57]以及在数据积累不足时采用的回归分析方法[58]，第一种通常为静态转移过程，而后两种则能够表征转移过程的动态变化。

K. Abaza[59]提出了两个连续的病害预测周期内的马尔可夫"反算"模型，通过实例证明了预测路段过长或过短都会导致转移概率的高度不稳定。傅东阳等[60]将回归技术引入马尔可夫预测模型中，建立了北方高速公路路面损坏状况、路面行驶质量和路面综合状况预测模型，并指出路面的使用性能随时间基本呈负指数函数形式衰减，且马尔可夫概率预测模型有一定的局限性和使用范围限制。V. M. Guillaumot等[61]用隐式马尔可夫模型描述了有隐含未知影响因素的路面使用性能预测。考虑到实时检测数据的纳入和模型的更新修正，P. L. Durango[62]建立了可以根据新数据自我调整的自适应马尔可夫模型。郑婉[63]建立了高速公路路面改进残差灰色预测模型，该模型具有所需历史数据量小的优点，并可以通过进一步对残差值的预测来提高模型精度。

3）人工智能模型

人工智能模型是指利用电脑快速运算的特性，模拟人类思考模式的一类模型，包括专家系统、神经网络和遗传算法等[64, 65]。神经网络具有强大的拟合能力，在合理设置训练数据集的基础上，神经网络的预测结果与训练集和测试集均有很高的相关性。目前，神经网络已被应用于路面平整度[66]、表面裂缝[67]、路表车辙[68]、表面损坏状况[69]和抗滑性能[70]发展状态等方面的预测。

A. Bianchini等[71]提出了模糊神经网络预测模型，并验证了所建立的混合神经网络模型预测精度优于常规的线性回归模型。A. Gupta等[72]运用统计分析工具和人工神经网络对印度18个低交通量路段进行研究，建立了路面使用性能预测模型，并统计了路面性能与输入参数和输出参数之间的关系，以便训练出最佳预测模型。美国得克萨斯州开发了神经网络路面性能预测模型，以预测柔性路面车辙或裂缝发展到一定程度的剩余时间[73]。该研究以得克萨斯州36 000个路段的数据为基础，输入为一个9维向量，包括沥青面层和基层的厚度以及落锤式弯沉仪（Falling Weight Deflectometer，FWD）所测得的弯沉等数据，输出向量为车辙或裂缝发展到某一程度的剩余时间。温胜强[74]通过分析影响路面使用性能的因素，并考虑已有预测模型的优缺点和应用情况，基于组合预测思想提出神经网络与马尔可夫模型相结合的组合预测模型来对高速公路路面使用性能进行预估。

目前，国内外常用的路面性能预测方法主要有经验回归、神经网络、灰色理论、时间序列和马尔可夫模型等几类，各类方法的对比如表1-1所列。

表1-1　　　　　　　　　　　各类预测方法对比

预测方法	特点	优势	缺陷
经验回归	以大量实测数据为基础	简单明了，易于操作	受地域条件限制，难以准确表达路面评价主、客观之间的复杂关系，所需数据量大
神经网络	以数学和物理的方法从信息处理的角度对人脑神经网络进行抽象模拟	非线性映射能力强、能够处理大规模数据、分布式存储以及自适应、自学习	收敛速度慢，易局部收敛
灰色理论	从数量有限且杂乱无章的路面性能检测数据中找出某种规律，建立灰色模型	所需数据量小，对时间序列的趋势预测，尤其是短期内的预测有较高的预测精度	由于影响路面使用性能衰变规律的因素有很多，加之路面使用性能衰减速率的不确定性，因而对于较远期的预测，灰色预测模型数据序列拟合较差，预测精度偏低
时间序列	从时间序列中找出变量变化特征、趋势以及发展规律，从而对变量的未来变化进行有效的预测	受主观因素影响较小，结果比较客观，可预测在时间方面稳定延续的过程	反映了对象间单项的联系，不适合长期预测
马尔可夫模型	根据目前所处的状态，采用马尔可夫链理论得到系统未来可能达到某种状态的概率	具有无后效性特点，即状态的变化只与当前状态有关，而与以前状态无关，能更客观地反映影响因素的不同，适合预测随机波动量大、不确定因素多的长期预测	该模型的预测值不直接面向性能指标，结果不够直观，对未来路面使用性能的预测仅与当前路面状况相关这一假设与实际情况难以相符

路面使用性能预测模型和方法众多，除力学模型外，大多数性能预测模型均需要基于高质量的数据，而在工程实践中，有效性能数据的获取相对不足，因此基于当前的数据积累情况，需要进一步研究如何选取合理的性能预测方法。力学模型具有更好的外推能力，但由于模型假设与实际情况的差异以及力学模型参数获取的复杂性，当前在路面性能预测中力学模型的使用较为少见。力学-经验模型克服了力学模型的部分缺点，但仍然存在力学模型计算复杂的缺点，在路面管理使用中应用困难。经验回归模型和概率统计模型除了对分析数据质量要求较高外，在模型构建过程中，对于路面使用性能环境影响因素的考虑较少，且模型指标的

物理意义不明确，造成模型外推性较差。神经网络模型也有类似的问题，但相对而言，神经网络模型对不同变量的综合涵盖能力更强，拟合精度更高。

考虑数据驱动与力学模型融合的建模方法，该方法可以将二者相互取长补短，可提高道路基础设施性能预测的效率、精度与泛化能力。融合概念更多地来源于信息分析研究，在20世纪70年代的军事领域中，由于现代战争对信息掌握的迫切需要，多源信息融合或多传感器信息融合被提出并逐渐明确，在机械控制、航空航天和智能交通等领域得到了广泛的研究和应用。当前对于多源信息融合还没有明确的定义，通常认为信息融合是对从多种信息源获取的信息进行滤波、相关性分析和集成，形成整体框架，用于决策和信息解释，以实现系统目标、传感器管理和系统控制等[75]。数据融合的方法根据层级的不同通常分为三类：数据级、特征级和决策级。数据级是层次最低的融合方法，直接融合所观测到的原始数据；特征级属于中间层次的融合，首先由各类数据来源确定特征向量，根据规则完成特征向量的融合；决策级融合是先由各检测方式基于各自获取的数据作出决策，然后在综合各类分析结论的基础上完成局部决策的融合处理。决策级融合是直接针对具体目标的，而最终融合的结果也将直接影响决策水平[76]。

随着计算机技术的发展，融合的概念得到进一步拓展。在模型构建中，研究人员尝试融合不同的分析方法，进而得到更为准确和高效的预测结果。当前对于模型融合的尝试，已有大量的实践，可总结为以下几种特定的范式[77]。

(1) 第一种方法利用基于先验知识的物理模型外推能力较好的特点，为数据推动模型的构建提供高质量的分析数据库，以此来提高数据驱动模型的预测性能。典型的应用案例是基于机器学习的图像识别中图像样本的拓展[78]，由于监督学习方法需要大量的训练样本，而采集的样本难以完全满足需求，因此采用数学方法对已有样本进行等价变换来获取新的图像样本以供分析。在工程应用中，有学者基于相似的思想，以有限元模型为手段，计算不同工况下FWD反算结果，进而以此作为数据库，构建基于神经网络的FWD快速反算的映射模型，并获得了良好的效果[79, 80]。

(2) 第二种方法是以数据驱动方法为主体，同时融合已有先验知识或物理模型的可靠结论，以提高预测的可靠性和外推能力。该方法在当前物理模型与机器学习方法结合研究中得到了较多关注，实施的具体途径主要为通过在数据驱动模型构建过程中加入约束条件或者优化数据模型结构，进而提升数据模型的预测精度。如在应用马尔可夫模型预测路面使用性能时，采用力学模型确定马尔可夫状态转换概率矩阵，以提高使用性能预测模型的可靠性[57]；在采用时间序列的数学方法进行个体路段的*PCI*性能预测时，为表征*PCI*衰变过程的阶段性，钱劲松等[81]借鉴基于先验知识确定支持向量机（Support Vector Machine，SVM）核函数的方法，实现了对先验知识的融合，提高了模型的预测性能；在神经网络的应用和发展过程中，越来越多的学者开始关注采用基于先验知识的约束条件，提高神经网络的预测精度，同时降低对训练数据的需求[82-85]；在这些基于神经网络方法的各种尝试中，通过对神经网络输出量、输入量以及节点关系的约束，神经网络的预测精度得到了明显的提升。

（3）第三种方法是物理模型分析与数据驱动分析平行开展，对于两种方法的分析结果进行有机融合，从而得到更可靠的计算结果。此类方法与数据融合中决策级的融合方法较为相似，常见的融合方法包括卡尔曼滤波方法、组合数学方法、神经网络方法等[86]。

（4）第四种方法则以物理模型为主体，通过物理分析来确定模型的基本形式，采用数学分析的方法修正模型参数，此类方法与当前常见的室内试验确定方程的基本形式和现场实测标定模型参数较为相似[87]。

总体而言，对于物理模型与数据驱动模型融合的研究已有一定的基础，而对于路面使用性能预测的研究相对较少，这与方法自身的适用性以及路面使用性能预测问题的特殊性有关，因此，基于物理模型与数据驱动模型融合的路面使用性能预测方法仍然需要更为深入的研究。

1.3.3 道路路网通行能力分析

道路设施性能衰变导致服务功能失效，从而造成路网局部能力的随机下降，打破了路网原有的平衡状态，可能导致路网性能的急剧波动，进而降低路网容纳交通量的能力。通过评估某一道路设施服务功能失效（如事故、维修等）后，路网通行能力或路网容量的变化情况，就可以分析其对路网交通运行状态的影响。

道路通行能力的研究最早起源于美国，美国交通研究委员会（Transportation Research Board，TRB）在1950年编写出版了《道路通行能力手册》（*Highway Capacity Manual*，HCM），其中第一次较为全面地给出了道路通行能力的定义与确定方法[88]。随后，其他一些发达国家如英国、法国、德国、日本等均根据各国的道路交通条件调研情况编制了各自的通行能力手册。研究初期，路网被简化为一个简单的单起终点的网络，而路网通行能力就是在路段通行能力的制约下，从起点到终点能通过的最大交通量。随着对问题理解的深入，路网被看成是一个非线性的、随机开放的、多起终点的复杂系统，因此从系统最优角度出发，建立了新的路网通行能力概念，即路网通行能力是受到路段通行能力的制约，并满足在路网系统最优的情况下，路网所能承担的最大交通流量。美国普林斯顿大学的运筹学教授Ford和Fulkerson用图论方法研究的路网通行能力，运用最大流最小割定理建立的路网通行能力模型，同时给出了求解网络最大流的标号法算法。20世纪60年代，日本开始研究路网的最大通行能力。京都大学的饭田恭敬采用图论法研究单一物流路网通行能力，采用交通分配法研究线路选择条件下的路网最大通行能力[84]。20世纪60年代初，法国工程师路易斯·马尚提出"城市的时间和空间消耗"的概念，将路网看作一种具有时间、空间属性的容器，容器在一定时段内的通行能力就是路网的通行能力[90]。此外，A. T. Ibrahim等[91]分析了恶劣天气下速度、流量和车道占有率的关系以及恶劣天气对交通流产生的影响。V. Shankar等[92]研究了恶劣天气对流量、平均车速和速度变异关系的影响。G. Daigle等[93]用仿真研究得到了不同车道管理方法下分车道的路段通行能力。S. Chandra等[94]研究了混合交通流条件下，车道宽度对通行能力的影响。H. Wakabayashi等[95]采用图论方法计算道路网络的连通可靠性，利用布尔代数，通过上下边界法来计算连通可靠性。

我国对路网通行能力的研究工作开展较晚。杨涛、王春生和周溪召基于路易斯·马尚的"时空消耗"概念，对通行能力进行分析和推算，得到了修正系数不同的路网通行能力计算模型，杨东援对这些方法做了一定的概括和总结[96]。根据经典道路通行能力的概念，杨涛等[97]基于图论中的最大流最小割定理，对Ford-Fulkerson算法做了改进，提出了适用于确定规划路网通行能力的方法，并提出了衍生割集网络极大流算法。许伦辉等[98]从便于计算的角度，提出了路段通行能力约束下路网最大交通量的确定方法。丁以中[99]提出了用于计算广义路网通行能力的供应分析法和面积比法。刘海旭等[100]从道路通行能力计算工作量的角度考虑，构建了基于时间可靠性的路网容量可靠性双层规划模型，用灵敏分析法求解路网容量可靠性模型。谢军等[101]通过对城市环形交叉口道路的交通特性进行分析，以间隙接受理论为基础，利用概率分析方法，假设环道上车流的车头时距服从爱尔朗（Erlang）分布，推导了城市环形交叉口通行能力的理论模型。温培培等[102]通过中观仿真软件TransModeler利用OD数据对现状交通状况进行仿真，利用路网容量计算方法求出路网容量值，并基于路网结构对现状或规划路网作出全面的评价。

目前，常用的路网通行能力计算方法归纳如下。

(1) 时空消耗法[103]：该方法未考虑到交通分布不均衡的情况，如路网通行能力的研究时段是否恰当，以及上述这些变量通过调查方法获得的代价。因此，各变量的确定过程使得该模型的可用性大大降低，同时该模型修正系数考虑得不够完善，而且由于该模型标定参数多，各种参数标定又比较困难，造成精度较差。

(2) 线性规划法：与时空消耗法相比，该方法对于路径选择的处理可以用数学公式表达，但是由于这种做法的随机性和复杂性，这些以一段时间内采集的数据为基础，基于研究者提出的公式，其计算结果具有很强的研究者倾向，与交通个体实际的路径选择倾向还有一定的差距。而且该模型是一个非凸规划模型，无法从数学上取得精确解，只能靠一些方法去近似求解，而这些方法本身也存在很多问题，因此导致这种方法的可用性较差。

(3) 割集法：该方法的问题在于假设割截面的通行能力仅为OD端点分属N_1、N_2的交通流所利用，因而存在过大估计通行能力的可能性，当将其应用于实际路网时，人们发现割集集合大于实际情况，同样会造成现实应用上的困难。

(4) 交通分配模拟法[104]：它是一种将交通分配和图论结合起来的算法，因而具有两方面的优点，不过该模型目前已有的研究对于路网饱和问题尚无统一定论。

1.3.4 道路路网交通路径选择

根据路网交通路径选择和网络表达方式的不同，交通分配模型可分为静态交通分配模型和动态交通分配模型[105]。静态交通分配模型发展较早，它假定OD间出行需求是稳定不变的，交通流分布形态是固定的，分配得到的路段流量也是不变的，其主要适用于中长期的交通需求预测和交通系统规划。而动态交通分配是将时变的出行需求，按照一定的路径选择原则分配到时变的交通网络上的过程。

1952年，Wardrop提出了道路网络均衡的概念和定义，即著名的Wardrop第一、第二原理。第一原理是用户均衡（User Equilibrium，UE），即假定出行者明确知道整个路网的交通状况，并都试图选择最短路径时，路网会到达平衡。这意味着路网中出行者所选择的路径，其边界出行费用是相等且最小的，并且小于那些未被选择路径上的费用；第二原理是系统最优（System Optimization，SO），假定路网上的交通流按照平均或总成本最小进行分配，达到系统平衡状态，是一种设计原理[106]。

之后，M. Razo等[107]提出了出行者出行路径选择模型与动态网络交通流分配模型，前者考虑个体出行成本、出行时间最优化以及个体出行偏好等，提出了多准则的路径分配决策模型与最短路径问题[108]，具有代表性的有：基于累积前景理论的随机用户平衡模型[109,110]、基于弹性需求的随机用户平衡模型[111]和基于时间窗的车辆路径问题[112]。其中，基于时间窗的车辆路径问题根据出行者出行选择假定的不同，分为确定性动态分配模型[113]与随机性动态分配模型[114]，根据研究方法的不同又可分为基于仿真的动态交通分配模型[115]与基于解析的动态交通分配模型[116]，基于解析的研究方法目前主要有最优控制理论、数学规划法、变分不等式（Variational Inequality，VI）法[117]。

国内对出行路径选择问题的研究主要侧重于应用方面，且多集中在应急或紧急条件下路径选择行为、信息影响下路径选择行为、实际最短路径问题和多目标最短路径研究及应用等。

国内对应急或紧急条件下路网交通路径选择行为研究较多，包括考虑效率和公平的跨区域协同应急救援路径选择模型[118]、考虑火灾[119]和地震[120]等自然灾害扩散影响的应急疏散路径选择模型、应急物流最优路径选择的模糊神经网络方法[121]、应急救援最优路径选择的改进蚁群算法[122]、基于微粒群算法的最小风险路径应急物资调度问题研究[123]和双层蚁群优化算法的舰船应急物流路径规划方法研究[124]等。对信息影响下的路径选择行为研究也较为集中，如石京和陶立[125]通过对交通信息响应状况和交通信息提供现状进行调查分析，建立了信息提供条件下驾驶员路径选择行为的Logistic模型。干宏程[126]研究了在可变信息情报板同时提供快速路和可替换路径的行程时间条件下的驾驶员路径选择行为，通过多变量分析建立了描述路径选择概率的二元Probit模型。李昕等[127]将广义成本费用最小作为路径选择准则，建立了先进的出行者信息系统（Advanced Traveler Information System，ATIS）影响下的基于用户偏好的路径选择模型。安实等[128]基于有限理性的行为理论，提出了通勤者逐日出行路径动态更换行为的模型框架，采用驾驶员训练模拟器进行了仿真和参数标定。此外，在出行过程中，出行路径的选择往往伴随着出行时间的选择、出行方式的选择、出行费用的选择等问题，因此，联合条件下的多目标出行路径研究也比较普遍。胡文君[129]提出了一个同时考虑路径和出行时间选择的动态用户模型，当给定一个OD对的总需求和理想到达时间时，可确定出行者的路径选择和出发时间方案。李曙光等[130]研究了多模式随机动态条件下同时考虑出行路径选择和出发时间选择的问题。

国外在基础理论研究，如实际的路径选择行为特征、出行路径选择行为建模与应用研究等方面已有较多研究成果。在基础理论研究方面，加里·S.贝克尔[131]应用经济分析方法研究人类行为；N. K. Fred[132]建立了完整的行为研究理论和方法；G. D. Ramos等[133]对期望效用理论、前景理论和后悔理论进行了比较研究。在实际出行数据分析方面，D. Papinski等[134]利用全球定位系统（Global Positioning System，GPS）和地理信息系统（Geographic Information System，GIS）等工具获得数据，对出行者的规划路径和实施路径进行了比较。在出行路径选择行为建模与应用研究方面，S. Bekhor等[135]研究发现不同定义会对出行路线选择产生不同的影响。Q. Svenson等[136]研究了平均速度判断和出行路径选择的关系，通过设定不同的速度试验条件，发现主观判断的平均速度在路线选择中起着关键的作用。M. Fosgerau等[137]研究了无约束选择集条件下的网络路径选择模型，证明该模型等价于静态的多项式Logit模型，该模型可应用于实际的交通网络，并可提高计算效率。

1.4 道路路网基础设施运行状态评估与预测的基本方法

路网运行的安全可靠取决于组网道路设施性能状况的整体协同。随着我国基础设施建设的持续推进和路网的拓展延伸，道路设施的性能评估和预测迫切需要从单体设施向路网层级提升。传统的力学模型方法难以适应路网内多类道路基础设施的快速、准确分析需求，需要开展数据驱动－力学模型融合的路网基础设施运行状态评估与预测研究。

基于快速检测和在线监测的技术背景，建立了涵盖路网道路设施基本属性、服役性能、结构设计、交通状况和路域环境等的指标体系，为量化表征道路路网基础设施运行状态、开展性能评估和态势预测奠定了基础。综合考虑路网基础设施服役性状与交通运行状态之间的耦合性，构建"影响参数－设施性能－路网交通"的综合指标体系，在设施属性层面分为"路面系＋支撑基础结构"的统一形式，实现路网多类交通基础设施间的衔接，结合智能巡检和联网监测的技术特征与发展趋势，建立路网道路基础设施运行状态的智能巡检和联网监测体系。

针对路网内多类道路基础设施结构特征各异且数目繁多的问题，在交通荷载和环境因素的综合作用下往往表现出差异明显的性能状况及衰变态势，难以运用单一或少量的力学模型评价方法。建立数据驱动的单体道路基础设施服役状态评估模型，挖掘道路设施表观状况和结构性能与结构参数、交通状况、路域环境等因素之间的隐性映射关系，实现面向多工况的道路设施性能快速、准确评估。

针对道路单体基础设施服役性能预测方法，比较了力学理论方法与数据驱动方法的优缺点，探究了数据驱动－力学理论模型融合的实施路径。针对路网背景下道路设施性能检测数据量大、数据结构复杂繁多的特点，基于深度学习方法建立了路面使用性能预测模型，采用逐年迭代方法，以前一年的性能指标为基础，同时考虑环境作用参数、交通荷载参数、结构性能参数等影响因素的综合作用，实现对第二年路面使用性能指标的有效预测。

道路路网基础设施服役性能的衰变与路网交通流的重分配存在很强的耦合作用。通过仿真模型和仿真工具，结合实车试验、驾驶模拟试验和问卷调查，分析了道路路网基础设施服役性能与路网交通运行状态之间互相影响的特征，建立考虑道路基础设施衰变的路径选择模型和路段阻抗模型，进而提出路段交通流模型；在解耦分析的基础上，提出基于有限理性的异质用户交通分配模型，融合拓扑结构理论，构建可有效模拟路网基础设施服役性能和交通状态动态变化的耦合仿真模型；基于PC平台采用MATLAB完成道路设施服役性能衰变与交通流耦合分析的仿真工具，即道路路网基础设施服役性能与路网交通耦合仿真系统，形成道路路网基础设施服役性能衰变与交通流耦合理论，解析交通基础设施服役性能状态与路网交通运行状态的相互作用，有助于提高道路路网基础设施运行状态评估的准确性。

为实现由单体道路向路网层级提升的道路设施性能状态评估，根据组网道路设施在正常服役时的基本属性和功能失效时对路网交通运行状况的动态影响，明确其对路网的重要程度并据此分配权重。提出基于道路设施正常工作状态下基本属性的赋权方法，根据基本属性建立灰色关联矩阵，基于最大树方法绘制谱系图并剪枝聚类，采用向量夹角余弦法计算权重；提出基于道路设施功能失效情形对路网通行能力影响的赋权方法，根据路网拓扑结构建立路网连通图，采用最大流最小割的Ford-Fulkerson算法分别计算正常和失效情况下的路网通行能力，根据通行能力下降幅值计算权重。同时，建立基于德尔菲法专家打分的道路路网基础设施的组合赋权方法。

基于模糊数学优化道路设施性能评估方法，建立道路设施破损状况、行驶质量、车辙状况、抗滑性能、结构性能及总体性能评价指标的隶属度函数。针对路网内新建道路设施的历史累积数据不足，导致传统回归模型的预测精度较低的问题，提出基于灰色理论的新建道路性能预测方法，采用累加生成法建立单变量一阶微分方程，得到一阶生成数据序列和原始数据序列的灰色预测模型，并采用后验差检验方法进行预测精度评价和误差修正。组网道路设施作为一个协同运行的整体共同承担路网内的交通流，提出基于马尔可夫模型的路网运行态势推演分析方法，建立基于历史数据统计分析的转移概率矩阵，通过转移概率矩阵、隶属度矩阵和权重矩阵，运算推演路网状态的隶属度变化。

2 道路路网基础设施运行状态智能巡检/联网监测指标体系

2.1 道路路网基础设施智能巡检与联网监测

道路路网基础设施运行状态指标是客观反映道路路网基础设施基本属性和变化规律，量化表征其各项性能与运行状况的重要依据。传统的道路设施表观状况和结构性能检测主要采用人工调查结合半自动检测的方法，此类方法存在以下缺点：工作环境恶劣，检测人员的人身安全难以保证；干扰交通的正常运行；费时费力，效率低，难以进行及时检测和周期性检测；受人为因素影响大，对路面损坏评价的客观性与准确性不定，不适用于路网层面检测的需求。随着我国公路网、城市道路网的日益延伸和路网交通量的快速增长，道路路网基础设施包括道路、桥梁、隧道等规模庞大的各类基础设施，其性状表征指标多源、异质，对运行状态数据采集效率提出了更高的要求。

近年来，车载自动化检测技术及系统设备的研究不断推进，并逐步得到推广应用，快速化检测成为道路设施表观状况和结构性能智能巡检与联网监测的发展趋势。国内外道路路面检测技术的总体发展趋势经历了3个阶段：从传统的人工检测到半自动化检测，再发展到无损自动检测。随着检测技术和信息技术快速发展，第3阶段的无损自动检测主要体现在高速化、自动化和智能化方面，并且集成在多功能道路检测车上，能够同时检测路面损坏、平整度、车辙、抗滑性能（构造深度）和结构强度（弯沉），甚至能够检测道路线形、道路沿线设施等。

路面损坏自动检测系统经历了40多年的技术发展和更新换代，车载自动化检测技术在以下方面具有较大突破，主要有基于摄影技术、视频技术、高速面阵数字相机、高速线扫描数字相机、激光照明技术、热成像技术、3D激光扫描技术的路面损坏检测系统；路面平整度检测技术，被高效激光断面测试仪、超声波断面测试仪、法国APL纵断面分析仪和多轮式平整度测试仪所替代；路面车辙检测技术，实现了利用激光和数字图像进行非接触自动化检测；路面抗滑性能（构造深度）检测，已发展到了利用激光和数字图像技术进行非接触、自动化检测的阶段，高精度与通用性强是路面构造深度检测的发展方向；路面结构强度状况的弯沉检测技术，逐渐由传统的静态检测向精度较高的动态检测与自动化检测方向发展。因此，道路路网基础设施智能巡检与联网监测技术发展已较为成熟，可满足道路路网基础设施运行状态数据快速更新的技术需求，以实现路网层级道路基础设施运行状态高效评估预测。

2.2 道路路网基础设施运行状态的特点

路网运行的可靠性、安全性和通畅性取决于路网内多类、大量的道路基础设施性能状况的总体表现以及组网工作状态下的整体协同。随着我国基础设施建设的持续推进和区域路网的拓展延伸，路网内各类道路基础设施作为一个协同运行的整体来承担路网交通的趋势愈发凸显。一方面，不同于路网内单体道路基础设施的运行状态侧重于其自身服役性能，道路路网基础设施运行状态囊括道路、桥梁、隧道等多类结构物服役性状及其组网后协同承担的路网交通流，还包括道路路网基础设施服役性能和路网交通运行状态两个层面。在道路路网基础设施服役性能评价层面，指标体系分为道路路面设施与道路基础结构两部分内容：路面设施服务性能直接影响车辆行驶质量与安全，路面使用性能是进行道路基础设施服役状态评估的重要内容，路面设施以智能巡检技术为主，重点关注路表病害信息；路基（边坡）、桥梁结构、隧道结构作为路面设施的重要基础支撑结构，在路网拓扑结构中处于重要节点位置，其结构稳定性与否将严重影响路网运行水平与安全，基础结构设施以联网监测技术为主，重点关注重大结构变形信息，包括桥梁结构挠度和振动频率、隧道拱顶下沉和衬砌裂缝、路面边坡坡面位移等。路网交通运行状态反映了路网交通承载能力与交通需求处理能力，其核心表征指标是区域路网交通规划与评价的重要内容。此外，道路路网基础设施服役性能与路网交通流之间存在一定的耦合效应，路网设施性能衰变导致路网交通流重分配、波动，同时路网交通流变化造成路网设施性能发展态势改变，在路网层面该动态耦合作用更加显著。

综上所述，道路基础设施运行状态综合指标体系复杂、覆盖面广，需要对相关指标的表达情况进行分析与遴选；同时随着智能巡检与在线监测技术的发展，以传统手段为核心的综合指标体系需要进行更新与优化，以适应路网层级道路基础设施运行状态快速检测的需求。面向智能巡检与联网监测技术的广阔应用前景，相关评价指标在满足有效表征道路设施性能状况的前提下，还应充分适配新技术特点和数据标准。结合路网基础设施智能巡检和联网监测的技术背景，根据道路路网基础设施运行状态的研究对象、目的以及统计学的基本要求，遴选关键指标并建立指标体系，需满足科学性、完备性、独立性、可行性、统一性和显著性等基本原则的要求，如表2-1所列。

表2-1　　　　　　　　　　路网指标体系的基本原则

基本原则	要　求
科学性	反映道路路网基础设施及交通、环境因素的本质属性和实际状况，符合科学理论和客观规律
完备性	各指标之间相互补充，总体上能够从多方面反映表征对象的综合属性和多维特征
独立性	各指标内涵清晰、彼此独立、层次并列，相互间不存在交叉、包含、矛盾或因果关系
可行性	指标选取和数据采集切实可行，易于操作，满足指标可赋值、数据易获取的要求
统一性	针对相同表征对象的指标在科学逻辑、体系层次、计算方法、计量单位等方面具备一致性和关联性
显著性	单项指标应显著表征对象的核心特征，反映对象主要特征的指标体系应尽量简化，避免指标冗余和体系庞杂

道路设施的各项性能状况需要依据相关的评价指标进行量化表征，其中检测指标为评价指标的计算提供基础数据，交通指标和环境指标为道路设施补充工况信息，基于路网拓扑结构的属性指标则建立起道路和路网之间的联系。面向道路路网基础设施运行状态的评价与预测需求，应基于指标遴选与体系建立的基本原则，涵盖"影响参数-设施性能-路网交通"的逻辑关系，构建面向智能巡检和联网监测的道路路网运行状态综合指标体系（图2-1），为后续体系内多类指标的调研分析和遴选互补提供指导。

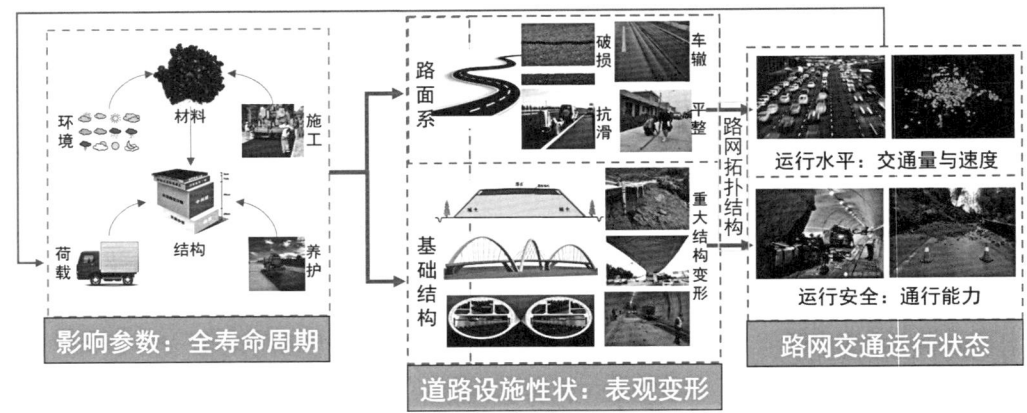

图 2-1 道路基础设施运行状态的智能巡检和联网监测指标体系

2.3 道路路网基础设施运行状态的影响因素

道路路网基础设施运行状态包括道路设施服役性能和路网交通运行状态两个层面，由道路路面、路基边坡以及桥梁隧道共同组成路网基础设施来协同承载区域交通流。道路基础设施运行状态的影响参数范围较广，结合我国国情及相关规范标准，对路网拓扑结构的道路属性指标、道路交通荷载参数、道路外界环境因素、道路结构与材料参数以及道路施工与养护质量验收指标这五个方面进行讨论分析，并最终确定影响参数指标体系。

1. 路网拓扑结构的道路属性指标

针对路网层级的道路基础设施运行状态评估和态势分析，除了对单体设施服役性能的评价和预测之外，还需要考虑其在路网拓扑结构中的重要程度，这体现为道路基础设施的基本属性及与其他设施间的联通关系。采用路龄、道路等级、设计速度、车道数、车道宽度、路段长度、联通道路数量和交叉口数量，作为单体设施对路网重要性分析的路网结构指标。

（1）路龄为道路建成开放交通后的服役时长。在未进行养护翻修的情况下，道路的性能状况随路龄的增长而逐渐劣化，路龄是决定道路设施运行状态和性能衰变规律的关键指标。

（2）道路等级针对城市道路可分为快速路、主干路、次干路和支路；针对公路可分为高速公路、一级公路、二级公路、三级公路和四级公路。道路等级是设计阶段对道路承担路网交通功能的期望，体现了道路在路网中的重要性。

(3) 设计速度是当汽车运行只受道路本身条件的影响时，具有中等驾驶技术的驾驶员能保持安全舒适行驶的最大行驶速度。设计速度与道路等级、几何设计和服务水平等级等因素有关，体现了道路断面上单条车道在单位时间内承担、疏散路网交通流的能力。

(4) 车道数是道路上行、下行双向上的车道总数量，不计入高等级道路中的应急车道和低等级道路中的非机动车道。车道数与道路等级有关，车道数和设计速度共同体现了道路断面在单位时间内容纳路网交通量的能力。

(5) 车道宽度是道路单条车道宽度，与道路等级有关。车道宽度体现了道路保障车辆安全和舒适行驶的能力，影响车辆实际行驶速度和单位时间内通过的交通量。

(6) 路段长度是选取的道路单元主干的总长度，在空间维度上体现为其在路网内能够容纳的最大交通量，同时影响与其他道路的联通情况，从而影响路网的静态交通容量和动态通行能力。

(7) 联通道路数量是其他道路接入和接出该道路的数量，交叉口数量是该道路上的交叉口数量，体现了道路与其他道路的联通情况，影响车辆路径选择的可行性和路网交通整体运行的通畅性。

2. 道路交通荷载参数

交通荷载是路面结构分析和设计中最重要的考虑因素之一，在实际的道路设计中，交通参数的准确性对道路等级以及结构组成起至关重要的决定性作用。在道路设计过程中，当量设计轴载累计作用次数是一个重要的参数，常用动态称重仪采集交通数据。在交通荷载的反复作用下，道路材料会出现疲劳破坏和累积变形等现象，导致道路设施的表观性能劣化和结构承载能力下降。为此，需要量化表征交通状况，分析其对道路设施服役性能衰变规律的影响。为了使道路更好地服务社会，需要对交通量及增长率、方向系数、车道系数、车辆类型分布系数、平均轴数和轴重分布系数（轴载谱）等交通参数进行分析，最终选用代表性的年平均日交通量（Annual Average Daily Traffic，AADT）、货车年平均日交通量（Annual Average Daily Traffic of Truck，AADTT）和等效标准轴载作用次数（Equivalent Single Axle Load，ESAL）在开放交通初年的监测值及其年平均增长率作为交通荷载参数指标。

(1) AADT是全年交通量换算成标准车后除以天数得到的每日平均交通量，其反映了道路设施在当年内每日承担的交通量情况，AADT越高，道路设施服役性能衰减得越快。采用开放交通初年的AADT，并根据调查年限内AADT的平均年增长率，来表征道路设施的AADT状况及其变化情况。同理，采用初年数据和平均年增长率，表征AADTT和ESAL的情况。

（2）AADTT是针对货车（两轴六轮及以上车辆）的年平均日交通量，货车的交通量情况对于道路设施性能态势的影响更为显著，具体表现为慢车道（货车主要行驶车道）上的表观病害分布和结构性能衰变更严重，其也是道路设计和道路大修中主要考虑的指标。

（3）ESAL是基于轴载等效换算原则，即同一道路结构在不同轴载作用次数下达到相同疲劳损坏程度，将各级轴载作用次数换算成标准轴载作用次数。式(2-1)和式(2-2)为基于弯沉指标的轴载换算公式。

$$\frac{N_s}{N} = C_1 C_2 \left(\frac{P}{P_s}\right)^{4.35} \tag{2-1}$$

$$C_1 = 1 + 1.2(m-1) \tag{2-2}$$

式中　P_s，N_s——标准轴载及其作用次数；

　　　P，N——待换算轴载及其作用次数；

　　　C_1——轴数系数；

　　　m——轴数；

　　　C_2——轮数系数，单轮组取6.4，双轮组取1.0，四轮组取0.38。

3. 道路外界环境因素

路面结构在承受车辆荷载作用的同时，还受到外界环境如气温、太阳辐射、风、雨和雪等因素的影响。路面结构环境状况与路面所处的气候状况（如气温、太阳辐射及风速等）和道路材料的吸热性能（如材料的密度、空隙率、含水量、湿度等）有关，其中对道路结构使用性能影响最大的是温度和湿度。高温稳定性和低温抗裂性是沥青混合料的主要技术指标，温度显著影响沥青材料的黏滞性和沥青混合料的模量等特性，沥青路面在高温条件下易出现失稳型车辙和波浪拥包等变形病害，低温条件下易出现收缩裂缝等开裂病害。温度同时会导致半刚性基层中出现温度应力及翘曲应力等，诱发路面断板等结构强度失效风险，并向上发展为反射裂缝。冬季的极端温度变化（0℃上下显著波动）还会引起路基土的冻融现象，导致路基强度下降，引发结构层变形和路面翻浆等病害。选取年平均气温、年平均最高气温、年平均最低气温、年极端最高气温、年极端最低气温、高温天数、冰冻天数、冻融天数和冻结指数作为温度指标。

降水通过增加水膜厚度直接影响路面的抗滑性能,同时会冲蚀沥青,降低沥青混合料的黏结强度,导致松散、露骨、坑槽等水损坏现象。降水入渗路面结构及层间后,行车荷载引起的动水压力会冲刷、剥离材料颗粒,导致唧泥、脱空等病害的产生和路面结构强度的下降。降水入渗还会影响路基湿度,导致强度衰减和塑性变形。选取年降水量、年降雪量、降水天数和强降水天数作为降水指标。

空气湿度会影响沥青胶结料的流变性能和黏结强度,水汽扩散进入沥青混合料后会导致集料颗粒剥离,因此,沥青路面在干旱少雨地区同样存在一定的水损坏现象。采用年平均最大(相对)湿度和年平均最小(相对)湿度作为湿度指标。

沥青受到太阳辐射会发生复杂的物理化学作用而逐渐老化和硬化,导致沥青混合料变脆易裂;同时沥青与集料的黏附性下降,会产生裂缝、坑槽等病害。太阳辐射同样会影响路表环境和路面结构内部的温度场分布,以及降水蒸发和空气湿度等。采用最大月平均辐射强度和最小月平均辐射强度作为太阳辐射指标。

4. 道路结构与材料参数

道路设施的结构设计和材料性能决定了其抵抗交通荷载和环境因素作用,维持表观性能和结构承载的能力。根据设计资料和现场钻芯取样测试结果,能够有效获取结构类型、层厚、模量和泊松比等指标参数,具体介绍如下。

沥青路面的结构类型根据基层材料性质可分为无机结合料稳定类、粒料类、沥青结合料类和水泥混凝土四类;路面各结构层的厚度对于扩散交通荷载、消除环境因素影响具有重要作用,采用面层厚度和基层厚度作为结构层厚度指标;道路各结构层的模量和泊松比体现了路基和路面在交通荷载作用下的抗变形及变形协调能力,参考我国《公路沥青路面设计规范》(JTG D50—2017),选取沥青混合料回弹模量及泊松比、无机结合料稳定类材料弹性模量、粒料回弹模量和路基回弹模量作为弹性模量和泊松比指标。

5. 道路施工与养护质量验收指标

道路养护措施会影响其服役性能的突变和后续衰变趋势,准确描述养护措以及养护质量是十分必要的。其中沥青混凝土面层大中修工程质量指标要求有：压实度、平整度、弯沉值、渗水系数、抗滑摩擦系数、厚度、纵断高程等，验收后将路面破损相关指标（如PCI）进行重新统计。

道路施工质量决定新建道路的初始服役性能，根据现有规范的道路施工验收标准，进行相关指标统计。如面层施工验收指标有：面层厚度、压实度、路面平整度、路表渗水系数、弯沉、构造深度、摩擦系数摆值、横向力系数、高温稳定性、低温抗裂性、抗疲劳性能、水稳定性；基层施工验收指标有：基层厚度、弯沉值、压实度和无侧限抗压强度；路基的施工验收指标有：压实度、弯沉值和路床平整度。

2.4 道路路网基础设施服役性能指标体系

2.4.1 道路路网路面设施服役性能指标体系

20世纪40年代末，为了解决路面使用性能差、使用寿命短的问题，英国政府开展了路面长期性能观测与研究工作，主要目的是改进路面设计技术、改善路面设计方法。自1949年起，英国进行了6个阶段的大规模路面长期性能观测、研究与验证工作，在全国范围内选择了400多个试验路段开展路面长期性能跟踪观测。通过对30多年大量观测数据的研究分析，英国于1987年提出了新的路面设计及养护方法，明显提升了英国公路网的路面使用性能，延长了路面使用寿命，并节省了大量的公路养护资金，减少了频繁养护工作及由此引发的交通拥堵。20世纪80年代中期，通过对已建成的高速公路网路面使用寿命进行评估，美国发现路面的实际使用寿命远远达不到设计寿命的要求，一般的大修周期仅为8~12年。同样地，美国为了解决路面使用性能差、使用寿命不足的问题，在认真学习英国经验、总结国际公路行业发展现状问题的基础上，于1987年实施了"美国公路战略研究计划"（Strategic Highway Research Program，SHRP），该计划的重点在4个领域：沥青、混凝土与结构、公路运输和路面性能（即路面长期使用性能研究，Long-Term Pavement Performance，LTPP）。SHRP计划的研究期限预定为5年（1988—1993年），而实际上实施了15年。LTPP是该计划中持续时间最长、成果影响最大的子项目。LTPP在SHRP工作结束后由美国联邦公路局（Federal Highway Administration，FHWA）负责继续实施，研究范围覆盖整个北美地区，LTPP的内容可以概括为：对采用不同设计方案和不同材料、处于不同环境条件和路基状况下、经历不同荷载和养护维修措施的路面结构进行广泛深入的调查，研究解决荷载、气候、材料变异性、施工操作、养护维修等因素对路面性能的影响问题，为延长路面使用寿命提供技术支持。LTPP研究以试验、观测以及在此基础上的数据分析为主要技术手段。作为研究工作的基础，LTPP在北美划分了四个气候大区，建立了2 200多个试验观测路段，包括一般路面研究（General Pavement Studies，GPS）和特定路面研究（Specific Pavement Studies，SPS）两大类。前者是处于设计使用期内的现有路面实体工程，分为8种路面结构形式；后者是为特定的研究内容专门修建的试验路段，根据考察目标不同划分为9个试验方案。LTPP对GPS路段和SPS路段的路面性能、路面材料特性、交通状况、养护维修措施以及环境状况变化等进行了详尽的测试和试验（表2-2），所获取的大量数据由美国国家路面性能数据库（National Pavement Performance Database，NPPDB）进行存储和管理，并据此开展后续数据分析工作。

表2-2　　　　　　　　　　美国LTPP研究观测指标

观测内容	具体指标
路况损坏调查	龟裂、边缘开裂、纵向裂缝、横向裂缝、坑洞、修补、车辙、泛油、松散、路拱横坡、渗水等
路面结构强度	路面弯沉、模量
路面功能性指标	平整度指数、垂直加速度均方根、路面摩擦力系数、表面构造深度等
交通监测指标	车辆类型、行驶速度、轴数、轴重等
气候环境监测指标	大气温度、相对湿度、风速风向、光照强度、降水量等
季节性监测指标	温度梯度、土基含水量、路表温度、冻结深度等
路面养护维修状况	对养护维修数据的记录与采集，通常采取填表的形式

根据我国现行《公路技术状况评定标准》（JTG 5210—2018）中的规定，路面使用性能评价分为单项性能评价和综合性能评价，每项性能评价都分别从指标、模型和标准三方面进行研究。综合性指标是对路面使用性能的综合测度，它可以综合地表征路面使用性能的复杂内涵。单一性指标是对路面使用性能诸多局部特征的具体测度，可以采用多项单一性指标明确地表征路面使用性能各组分的详细情况。道路路面设施的服役性能可分为破损状况、功能性能和结构性能三大类，其中功能性能又包括行驶质量（平整度）、车辙状况、抗滑性能（安全性能）等，相应的评价指标是量化表征道路设施运行状况的重要依据。沥青路面和水泥混凝

土路面综合技术状况评定涵盖方面有所不同，这是由于沥青路面多为公路和城市道路，尤其是高等级道路的主要结构形式，在路网基础设施中占据主体地位，因此主要研究沥青路面服役性能和运行状况的评价指标，其指标体系如图2-2所示。

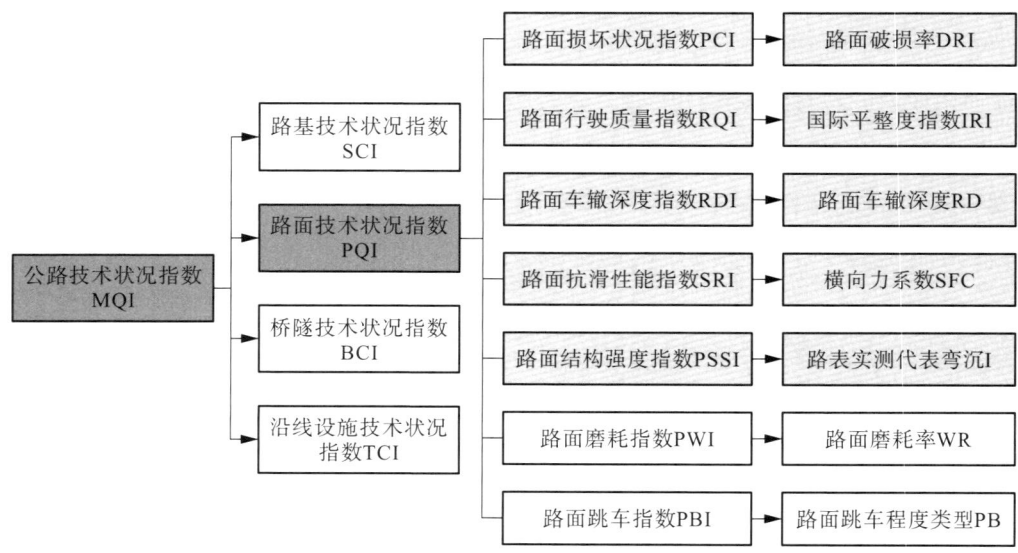

图 2-2　公路技术状况评定的指标体系

1. 路面技术状况指数（PQI）

我国2007版《公路技术状况评定标准》（JTG H20—2007）中提出了沥青路面技术状况评价指标体系，包括路面损坏状况指数 PCI、路面行驶质量指数 RQI、路面车辙深度指数 RDI、路面抗滑性能指数 SRI 和路面结构强度指数 PSSI，综合评价指标——路面技术状况指数 PQI 由 PCI，RQI，RDI，SRI 加权计算得到，见式(2-3)，PSSI 作为抽样指标进行单独计算与评定。2018版《公路技术状况评定标准》（JTG 5210—2018）在此基础上引入了路面跳车指数 PBI 和路面磨耗指数 PWI，见式(2-4)，并调整了 RQI 计算的权重，如表2-3所列。《公路技术状况评定标准》（JTG 5210—2018）是2019年起实施的新规范，考虑到后文中对长期检测数据的一致性要求，主要参考2007年规范的相关标准，即不纳入 PBI 和 PWI。

$$PQI = w_{PCI}PCI + w_{RQI}RQI + w_{RDI}RDI + w_{SRI}SRI \tag{2-3}$$

$$PQI = w_{PCI}PCI + w_{RQI}RQI + w_{RDI}RDI + w_{PBI}PBI + w_{PWI}PWI + w_{SRI}SRI \tag{2-4}$$

式中，w_{PCI}，w_{RQI}，w_{RDI}，w_{PBI}，w_{PWI} 和 w_{SRI} 分别为 PCI、RQI、RDI、PBI、PWI 和 SRI 的权重，其中 SRI 和 PWI 二者取一。

表2-3　　　　　　　　　　　　　PQI各分项指标权重

权重	《公路技术状况评定标准》(JTG H20—2007)		《公路技术状况评定标准》(JTG 5210—2018)	
	高速、一级公路	二、三、四级公路	高速、一级公路	二、三、四级公路
w_{PCI}	0.35	0.60	0.35	0.60
w_{RQI}	0.40	0.40	0.30	0.40
w_{RDI}	0.15	—	0.15	—
w_{PBI}	—	—	—	—
w_{SRI}	0.10	—	0.10	—
w_{PWI}	—	—	0.10	—

2. 路面损坏状况指数（PCI）

路面破损状况主要指裂缝类、变形类、表面类和修复类等各类路面表观病害，具体破损形式包括龟裂、块状裂缝、横向裂缝、纵向裂缝、坑槽、松散、沉陷、车辙、波浪拥包、泛油和修补等。针对道路设施表观病害的快速检测技术经历了从车载图像采集、人工标注病害特征到病害三维特征自动化提取和识别的几个发展阶段。采用《公路技术状况评定标准》(JTG 5210—2018) 中的PCI指标来量化评价路面表观破损状况。PCI由路面破损率DR计算得到，DR由各类表观病害加权计算得到，具体计算见式 (2-5)：

$$\left. \begin{array}{l} PCI = 100 - a_0 DR^{a_1} \\ DR = 100 \times \dfrac{\sum\limits_{i=1}^{i_0} w_i A_i}{A} \\ 自动化检测时：A_i = 0.01 \times GN_i \end{array} \right\} \quad (2\text{-}5)$$

式中　DR——路面破损率，%；

a_0——沥青路面采用15.00，水泥混凝土路面采用10.66；

a_1——沥青路面采用0.412，水泥混凝土路面采用0.461；

i——病害类型和程度；

A_i——第i类路面损坏的累计面积，m²；

A——路面检测或调查面积，m²；

w_i——第i类路面损坏的权重；

GN_i——含有第i类路面损坏的网格数，网格标准尺寸为0.1 m × 0.1 m。

3. 路面行驶质量指数（RQI）

道路设施的基本功能是为车辆提供平整、舒适的行驶环境，而路面平整度状况是影响行车舒适性的重要因素，路面沿行车方向的高程变化会导致车辆产生震动，影响驾乘体验的同时也会加剧交通轴载对道路表面和结构的冲击作用。针对平整度的测试方法主要有人工调查的三米直尺法、手推式断面仪法、慢速拖曳的连续式平整度仪法（5~12 km/h）、快速检测的车载式颠簸累积仪法（30~80 km/h）和车载式激光平整度仪法（30~100 km/h）。采用 RQI 指标量化表示路面的平整度特性，由国际平整度指数（International Roughness Index，IRI）计算得到，具体按式（2-6）计算：

$$RQI = \frac{100}{1 + a_0 e^{a_1 IRI}} \tag{2-6}$$

式中　IRI——国际平整度指数，m/km；

　　　a_0——高速公路和一级公路采用 0.026，其他等级公路采用 0.0185；

　　　a_1——高速公路和一级公路采用 0.65，其他公路采用 0.58。

4. 路面车辙深度指数（RDI）

路面车辙是沥青路面的典型病害形式之一，其在重载交通渠化作用、高温环境、沥青混合料的黏塑性和高温稳定性、基层和路基结构层变形等多种因素的综合作用下产生。路面车辙状况直接影响行车舒适性和安全性。早期车辙深度主要采用人工测量方法，如横断面尺法、水准仪法等；当前多点共梁式激光车辙检测技术和线激光车辙检测技术快速发展，能够获取断面上高精度的车辙深度、车辙宽度的二维特征。本章采用 RDI 指标量化表征路面车辙状况，由车辙深度 RD 计算得到，具体按式（2-7）计算：

$$RDI = \begin{cases} 100 - a_0 RD & (RD \leqslant RD_a) \\ 90 - a_1(RD - RD_a) & (RD_a < RD \leqslant RD_b) \\ 0 & (RD > RD_b) \end{cases} \tag{2-7}$$

式中　RD——车辙深度，mm；

　　　RD_a——车辙深度参数，采用 10.0；

　　　RD_b——车辙深度参数，采用 40.0；

a_0——模型参数,采用1.0;

a_1——模型参数,采用3.0。

5. 路面抗滑性能指数(SRI)

道路设施的抗滑性能会影响行车安全性和下雨天的路网交通运行效率,其与路面纹理特征、水膜厚度、轮胎花纹特征、行车速度等因素密切相关。路面抗滑性能的检测方法包括间接几何模式和直接力学模式,间接几何模式通过铺砂法和环形纹理测试仪法等来测量路表的平均构造深度(Mean Texture Depth,MTD)、平均断面深度(Mean Profile Depth,MPD)等纹理特征,主要反映了路面宏观构造(粗糙程度)对低速行驶车辆的抗滑性能会产生何种影响,加之采用人工点式检测方法,适用性不足;直接力学模式通过人工的摆式仪法、自动化的车载摩擦系数测试法等来测量摆值(British Pendulum Number,BPN)、路面横向力系数(Sideway Force Coefficient,SFC)等摩擦系数,自动化检测的摩擦系数主要反映了车辆高速行驶下路面-水膜-轮胎的耦合效应,更符合实际行车情况。本章采用SRI指标量化表征路面抗滑性能,由SFC计算得到,具体按式(2-8)计算:

$$SRI = \frac{100 - SRI_{\min}}{1 + a_0 e^{a_1 SFC}} + SRI_{\min} \tag{2-8}$$

式中 SFC——横向力系数;

$SRI_{\min}$——标定参数,采用35.0;

a_0——模型参数,采用28.6;

a_1——模型参数,采用-0.105。

6. 路面结构强度指数($PSSI$)

路面结构强度评价是为了在确定养护标准的前提下对路面的剩余寿命进行预测,以便于在合适的时机进行养护管理、采取养护措施。道路设施的结构强度主要通过标准荷载作用下路表顶面的弯沉变形来体现,常用的测量方法有贝克曼梁法、低速自动化(<5 km/h)的自动弯沉仪法、FWD法和高速自动化(30~90 km/h)的激光式弯沉仪法等。本章采用结构强度指数$PSSI$来表征,具体按式(2-9)计算:

$$PSSI = \frac{100}{1 + a_0 e^{a_1 SSR}} \tag{2-9}$$

$$SSR = \frac{l_R}{l_0}$$

$$l_R = 600 N_e^{-0.2} A_c A_s A_b \tag{2-10}$$

$$N_e = \frac{[(1+\gamma)^t - 1] \times 365}{\gamma} N_1 \eta \tag{2-11}$$

$$l_0 = \bar{l} + \alpha \sigma \tag{2-12}$$

式中 SSR——路面结构强度系数；

l_R——路面容许弯沉，0.01 mm；

l_0——路面实测代表弯沉，0.01 mm；

a_0——模型参数，采用15.71；

a_1——模型参数，采用-5.19；

N_e——路面设计年限内车道累计当量轴次，次/车道；

A_c——公路技术等级系数，高速公路和一级公路采用1.0，二级公路采用1.1，三级、四级公路采用1.2；

A_s——路面面层类型系数，沥青混凝土面层采用1.0，热拌和冷拌沥青碎石、沥青贯入式面层采用1.1；

A_b——路面结构类型系数，半刚性基层采用1.0，柔性基层采用1.6；

N_1——通车首年日均当量轴次，次/日；

t——设计年限，高速公路和一级公路采用15，二级公路采用12，三级公路采用10，四级公路采用8；

γ——设计年限内交通量年平均增长率，%；

η——车道系数，双向单车道采用1.0，双向两车道采用0.6~0.7，双向四车道采用0.4~0.5，双向六车道采用0.3~0.4，双向八车道采用0.25~0.35。

$\bar{l}$——实测弯沉的平均值，0.01 mm；

α——保证率系数，高速公路和一级公路采用1.645，其他公路采用1.5；

σ——实测弯沉值的标准差。

2.4.2 道路路网基础结构服役性能指标体系

路网存在大量路基（高边坡）、桥梁、隧道等重要节点设施，作为支撑路面设施的重要道路基础结构，其结构性能是保障道路路网基础设施整体运行状态的重要内容，若受到了严重的劣化损毁，将影响该路段的服务水平与交通安全，进而干扰到路网整体通行能力与运行状态。道路路网基础结构的安全稳定性，往往需要根据力学指标经过复杂计算获得，不适用于路网层面大规模设施评估需求。为了定量衡量道路路网基础结构的结构性能，结合路基、桥梁、隧道相关的评定与养护规范，统一采用路基、桥梁、隧道土建结构技术状况，表征道路路网基础结构服役状况。

1. 路基结构服役性能指标

路基是由填筑或开挖而形成的直接支承路面的基础结构，与桥梁、隧道相连共同构成线路，但路网线路中占据绝大多数，其结构性能是制约道路路网基础设施运行状态的重要因素。根据《公路技术状况评定标准》（JTG 5210—2018）的规定，路基破坏分为七类，分别为路肩损坏、边坡坍塌、水毁冲沟、路基构造物损坏、路缘石缺损、路基沉降和排水不畅。路基结构状况采用路基技术状况指数（Subgrade Condition Index，SCI）评定，按式（2-13）计算：

$$SCI = \sum_{i=1}^{i_0} w_i(100 - GD_{iSCI}) \tag{2-13}$$

式中 GD_{iSCI}——第 i 类路基损坏的累计扣分，最高扣分为100；

w_i——第 i 类路基损坏的权重；

i——路基损坏类型；

i_0——路基损坏类型总数，取7。

路基技术状况等级按照表2-4进行划分。

表2-4 路基技术状况等级划分标准

评定指标	技术状况等级				
	优	良	中	次	差
路基技术状况指数 SCI	≥90	≥80，<90	≥70，<80	≥60，<70	<60

2. 桥梁结构服役性能指标

桥梁技术状态是指当前时刻桥梁的承载能力和服务水平，它是在进行了桥梁构件病害信息检测、识别、预测等一系列操作后对桥梁各部分服务水平的一种综合表示。桥梁技术状态评估是根据桥梁检测所得到的信息，对桥梁各构件的缺损、承载能力、服务水平等所做的一项综合评定。

根据《公路桥梁技术状况评定标准》（JTG/T H21—2011），公路桥梁技术状况评定采用分层综合理论与桥梁单项控制指标相结合的方法。先对桥梁各构件分别进行评定，然后对桥梁各部件进行评定，再对桥面系、上部结构和下部结构分别进行评定，最后对全桥进行技术状况评定，其流程如图2-3所示。

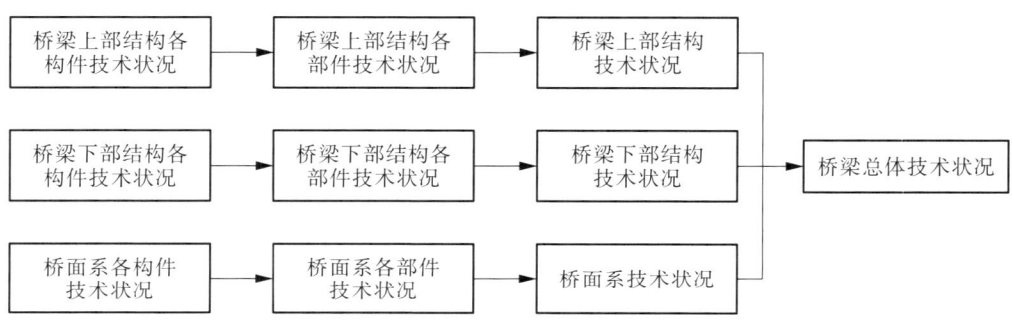

图2-3 桥梁技术状况评定流程

桥梁各构件技术状况评分值按式（2-14）—式（2-17）计算：

$$PMCI_t(BMCI_t 或 DMCI_t) = 100 - \sum_{x=1}^{k} U_x \tag{2-14}$$

当 $x = 1$ 时：

$$U_1 = DP_{i1} \tag{2-15}$$

当 $x \geqslant 2$ 时：

$$U_x = \frac{DP_{ij}}{100 \times \sqrt{x}}\left(100 - \sum_{y=1}^{x-1} U_y\right) \quad (j=x,\ x=2,\ 3,\ \cdots,\ k) \tag{2-16}$$

当 $k \geqslant 2$ 时，U_1，U_2，$\cdots$，U_x 计算式中扣分值 DP_{ij} 按照从大到小的顺序排列。

当 $DP_{ij} = 100$ 时：

$$PMCI_t(BMCI_t 或 DMCI_t) = 0 \tag{2-17}$$

式中 $PMCI_l$——上部结构第i类部件l构件的得分,值域为0~100分;

$BMCI_l$——下部结构第i类部件l构件的得分,值域为0~100分;

$DMCI_l$——桥面系第i类部件l构件的得分,值域为0~100分;

k——第i类部件l构件出现扣分的指标的种类数;

U,x,y——引入的中间变量;

i——部件类别,例如i表示上部承重构件、支座、桥墩等;

j——第i类部件l构件的第j类检测指标;

DP_{ij}——第i类部件l构件的第j类检测指标的扣分值,根据构件各种检测指标扣分值进行计算。

桥梁各部件技术状况评分值按式(2-18)计算:

$$\begin{aligned} PCCI_i &= \overline{PMCI} - (100 - PMCI_{\min})/t \\ BCCI_i &= \overline{BMCI} - (100 - BMCI_{\min})/t \\ DCCI_i &= \overline{DMCI} - (100 - DMCI_{\min})/t \end{aligned} \quad (2\text{-}18)$$

式中 $PCCI_i$——上部结构第i类部件的得分,值域为0~100分,当上部结构中的主要部件某一构件评分值$PMCI_l$在[0,40)区间时,其相应的部件评分值$PCCI_i = PMCI_l$;

$\overline{PMCI}$——上部结构第i类部件各构件的得分平均值,值域为0~100分;

$BCCI_i$——下部结构第i类部件的得分,值域为0~100分,当下部结构中的主要部件某一构件评分值$BMCI_l$在[0,40)区间时,其相应的部件评分值$BCCI_i = BMCI_l$;

$\overline{BMCI}$——下部结构第i类部件各构件的得分平均值,值域为0~100分;

$DCCI_i$——桥面系第i类部件的得分,值域为0~100分;

$\overline{DMCI}$——桥面系第i类部件各构件的得分平均值,值域为0~100分;

$PMCI_{\min}$——上部结构第i类部件中分值最低的构件得分值;

$BMCI_{\min}$——下部结构第i类部件中分值最低的构件得分值;

$DMCI_{\min}$——桥面系第i类部件分值最低的构件得分值;

t——随构件数量而变的系数,桥梁上部结构、下部结构、桥面系的技术状况评分值按式(2-19)计算。

$$SPCI(SBCI \text{ 或 } BDCI) = \sum_{i=1}^{m} PCCI_i(BCCI_i \text{ 或 } DCCI_i) \times W_i \quad (2\text{-}19)$$

式中　$SPCI$——桥梁上部结构技术状况评分，值域为0~100分；

　　　$SBCI$——桥梁下部结构技术状况评分，值域为0~100分；

　　　$BDCI$——桥梁系技术状况评分，值域为0~100分；

　　　m——上部结构（下部结构或桥面系）的部件种类数；

　　　W_i——第i类部件的权重。

对于桥梁中未设置的部件，应根据此部件的隶属关系，将其权重值分配给各既有部件，分配原则按照各既有部件权重在全部既有部件权重中所占比例进行分配。

桥梁总体技术状况评分值按式（2-20）计算：

$$D_r = BDCI \times W_D + SPCI \times W_{SP} + SBCI \times W_{SB} \tag{2-20}$$

式中　D_r——桥梁总体技术状况评分，值域为0~100分；

　　　W_D——桥面系在全桥中的权重，按规定取值；

　　　W_{SP}——上部结构在全桥中的权重，按规定取值；

　　　W_{SB}——下部结构在全桥中的权重，按规定取值。

根据交通运输部颁布的《公路桥梁技术状况评定标准》（JTG/T H21—2011），桥梁的技术状况评分取值范围为[0，100]，评分高表示桥梁结构的技术状况好、缺损少，因此可以用该指标来衡量桥梁结构技术状况的好坏。根据规范规定的桥梁总体技术状况评分指标D_r，桥梁的技术状况分为5个等级：1类、2类、3类、4类和5类，如表2-5所列。当桥梁上部结构和下部结构技术状况等级为三类、桥面系技术状况等级为4类，且桥梁总体技术评分$40 \leq D_r < 60$时，桥梁总体技术状况等级可评定为3类。全桥总体技术状况等级评定时，当主要部件评分达到4类或5类且影响桥梁安全时，可按照桥梁主要部件最差的缺损状况评定。满足规范规定情况时，桥梁总体技术状况应评为5类。

表2-5　　　　　　　　　　　桥梁技术状况分类界限

技术状况评分	技术状况等级 D_j				
	1类	2类	3类	4类	5类
D_r（$SPCI$、$SBCI$、$BDCI$）（$PCCI$、$BCCI$、$DCCI$）	[95，100]	[80，95)	[60，80)	[40，60)	[0，40)

3. 隧道结构服役性能指标

隧道结构长期服役安全等级与土建结构运营养护工作息息相关，反映了隧道土建结构服役状态，决定了隧道结构所需的相关养护对策信息。根据《公路隧道养护技术规范》(JTG H12—2015)，结合隧道现场检测资料来分析各项数据，采用隧道土建结构技术状况评分和隧道土建结构技术状况评分分级作为隧道结构服役安全指标。

隧道土建结构技术状况评定应根据定期检查资料来确定技术状况等级，分为1类、2类、3类、4类和5类，应先逐洞、逐段对隧道土建结构各分项技术状况进行状况值评定，包括隧道洞口、洞门、衬砌结构以及衬砌渗漏水等方面，在此基础上确定各分项技术状况，再进行土建结构技术状况评定。隧道土建结构技术状况评分按式（2-21）计算，分项状况值按式（2-22）计算。

$$JGCI = 100 \cdot \left[1 - \frac{1}{4}\sum_{i=1}^{n}\left(JGCI_i \times \frac{w_i}{\sum_{i=1}^{n} w_i}\right)\right] \quad (2\text{-}21)$$

$$JGCI_i = \max(JGCI_{ij}) \quad (2\text{-}22)$$

式中　w_i——分项权重；

$JGCI_i$——分项状况值，值域为0~4；

$JGCI_{ij}$——各分项检查段落状况值；

J——检查段落号，按实际分段数量取值。

隧道土建结构技术状况评定分类界限值宜按表2-6规定执行，特定情况下的评定分类按规范规定执行。

表2-6　　　　　　　　隧道土建结构技术状况评定分类界限值

技术状况评定	隧道土建结构技术状况评定分类				
	1类	2类	3类	4类	5类
$JGCI$	≥85	≥70，<85	≥55，<70	≥40，<55	<40

2.5 道路路网基础设施交通运行状态指标体系

道路基础设施交通运行状态指标体系研究的目的，主要用于相关部门对路网交通运行管理（包括控制、指挥、诱导等功能）、交通管理规划和路网规划提供决策依据。同时，交通信息可转化为道面结构病害分析的荷载数据，为道路路网基础设施性能评估、预测、养护等子系统的相关用户提供基础数据。

根据道路交通流特性和常用的交通系统评价指标体系，将道路基础设施交通运行状态评价指标体系分为三个方面：道路利用状况（通行能力、饱和度和交通量）、道路运行服务水平（平均车速、平均行程时间、占有率、交通密度、平均行程延误和事故率）、交通环境污染（车辆平均油耗、交通污染排放量和交通噪声），细分成12个基本评价指标。首先，考虑到交通运行状况评价的实时性和动态性，通常道路基础设施建成后，在车道划分和交通组织一定的情况下，其通行能力是固定不变的，但由于受到交通荷载与环境因素的综合影响，道路路面使用性能与基础结构支撑性能劣化，这会严重影响道路的通行能力，进而干扰整个路网的交通运行能力；事故率是道路运行安全的重要指标之一，一般以数月或一年以上的时间段作为计算时间，相对于运行状况的实时分析评价，事故率数据则属于静态数据。其次，考虑到指标间的相对独立性，车流量和饱和度为线性关系，占有率和交通密度可以相互换算得到，路段平均行程时间也可由路段平均车速得到，平均行程延误的计算结果与路段畅行速度的选定关系密切。最后，考虑到道路路网基础设施交通运行状况评价的适用性和可行性，不将交通环境污染指标列为重点。

综上所述，总结道路路网基础设施交通运行状态的指标需求，遴选出道路通行能力、交通流量、空间平均速度和平均车流密度这4个指标作为评价道路基础设施交通运行状态的重点指标，其具体定义及计算公式如下展开介绍。

1. 道路通行能力

道路通行能力（Q_x）是指道路设施所能疏导交通流的能力，即在一定的时段和正常的道路、交通、管制及运行质量要求下，道路设施通过交通流质点的能力，通行能力一般以veh/h（辆/小时）和pcu/h（当量标准小客车/小时）表示，基本单位是pcu/h/ln（当量标准小客车/小时/车道）。通行能力实质上是道路负荷性能的一种量度，它既反映了道路疏通交通的最大能力，也反映了在规定特性前提下，道路所能承担车辆运行的极限值，即在单位时间内某一车道或断面可能通过的最大车辆数。道路通行能力分为基本通行能力、实际通行能力和设计通行能力。其中，基本通行能力是指在理想条件下，由标准当量车以最小车头时距连续行驶的理想交通流，在单位时间内通过某一断面的车辆数，这是理论最大小时交通量；实际通行能力是指在某一服务水平下的道路通行能力，是根据实际道路、交通条件对容许通行能力进行修正后得到的小时交通量。设计通行能力是指在统计时段内，根据实际的道路几何设计、交通条件，在相应服务水平下，某一车道或路段的通行能力；实际通行能力是影响路网交通运行状态的最基本参数之一，以理论通行能力为基础，考虑到实际的地形、道路设施性状和交通状况，确定其修正系数，再以此修正系数乘以前述的理论通行能力，即得实际道路在一定环境条件下的可能通行能力，单向车行道实际通行能力按式（2-23）计算：

$$Q_x = CB \times N \times fw \times fHV \times fp \quad (2\text{-}23)$$

$$fHV = 1/[1 + PHV(EHV - 1)] \quad (2\text{-}24)$$

式中 Q_x——单向车行道可能通行能力，即在具体条件下，采用四级服务水平时所能通过的最大交通量，veh/h；

CB——基本（理论）通行能力；

N——单向车行道的车道数；

fw——车道宽度和侧向净宽对通行能力的修正系数；

fHV——大型车对通行能力的修正系数；

EHV——大型车换算成小客车的车辆换算系数；

PHV——大型车交通量占总交通量的百分比，%；

fp——驾驶员条件对通行能力的修正系数，一般在0.9~1之间。

2. 交通流量

交通流量（q）是指在选定时间段内通过道路某一地点、某一断面或某一车道的交通实体数或当量数（车辆数），可通过定点调查直接获得，常用的方法是采用线圈探测器测量。从车流量的大小可以判断出交通的拥挤状况，从而决定在当前交通状况下采取何种交通管理措施，以及对未来交通变化趋势和道路建设规划提供了量化的指导依据，因此交通流量的准确检测对交通工程以及未来交通发展十分重要。交通流量按式（2-25）计算：

$$q = m/t \quad (2\text{-}25)$$

式中 m——在一定的时间内某条道路点上所通过的车辆数，pcu；

t——时间间隔，h。

3. 空间平均速度

空间平均速度（u）是指路段在某一时段内通过的所有车辆的平均行驶速度，

是在某一特定瞬间,行驶于道路某一特定长度内的全部车辆的地点车速分布的平均值。当观测长度一定时,其数值为地点车速观测值的调和平均值。空间平均速度是表征路段在统计时间间隔内交通状态的最基本参数之一,也是路网范围内交通状态评价所参考的重要指标。空间平均速度的计算方法有以下两种。

(1) 所有车辆的瞬时速度均是可以实时获得的,根据车辆的瞬时速度及位置信息,将路段上某一时段内通过的所有车辆的所有瞬时速度信息统计汇总后求平均值,便可得到该路段在统计间隔内的平均速度,按式(2-26)计算:

$$u = \frac{1}{m}\sum_{i=1}^{n} v_i \qquad (2\text{-}26)$$

式中,v_i 是统计时段内所记录的该路段上车辆的所有瞬时速度,km/h。

(2) 依据车辆的位置信息及时间信息,统计某一时段内车辆通过该路段的起止时间及路段长度等信息,最终求得路段平均速度,按式(2-27)计算:

$$u = \frac{L}{\frac{1}{n}\sum_{i=1}^{n} t_i} \qquad (2\text{-}27)$$

式中,L 是所研究路段的里程长度,km。

4. 平均车流密度

平均车流密度(k)同样是反映交通状态的重要参数之一,表示某个瞬间某车道或某路段单位长度的标准车当量数,按式(2-28)计算:

$$k = \frac{N}{L \times n} \qquad (2\text{-}28)$$

式中　N——某一瞬间研究路段上所有车辆的标准车当量数,veh/(km·lane);

　　　L——路段长度,km;

　　　n——道路车道数目。

3
路网条件下单体道路基础设施服役状态评估方法

3.1 路网条件下单体道路基础设施服役性能评估的基本原理

区域/跨区域道路路网范围内,不同路段在道路结构、交通荷载和环境因素的共同作用下,其设施性能数据将呈现出异构性和多样性,单体道路基础设施使用性能的评估是路网基础设施量化管理的基础工作。随着图像识别、激光扫描、车载雷达等道路检测新技术的快速发展,可以满足道路基础设施服役性能快速、高频、高精度的巡检需求,同时产生了大量道路路网基础设施服役性能的历史数据。在全生命服役周期内,路网内单体道路基础设施性能累积了大量的高质量数据,传统的道路性能评价模型(如回归模型、系统分析法、灰色理论等)具有较好的可解释性,但易受到假设条件的影响,在处理大量数据时,评估精度难以满足效率要求。而以神经网络为代表的机器学习模型,具有拟合性能优越的特点,可以满足路网条件下道路基础设施性能评估时大量数据高效分析处理的需求,但此类模型存在"黑箱"等问题,导致模型的可解释性不足。

针对区域路网条件下,道路基础设施检测数据量大、数据结构繁杂的特点,采用神经网络构建单体道路基础设施性能评估模型。该评估模型的作用是将区域路网条件下快速采集得到的大量路面表观病害数据映射为道路设施性能评估指标。为提升神经网络模型的映射精度,解决区域条件下道路设施结构特征种类繁多且变异性大的问题,研究将针对不同典型结构的道路设施分别建模,依托工程和研究文献调研,确定三类典型路面结构:半刚性基层路面、粒料类基层路面以及沥青结合料类基层路面。在区域路网条件下,道路设施的快速检测难以高频次获取结构性能检测等参数,因此在建模过程中,考虑将路面结构设计参数作为输入量,并同时输入环境参数和交通荷载参数，从而有效表征区域路网内不同类型路段在不同交通荷载和环境条件作用下的性能特征。

3.2 面向道路基础设施服役性能评估的神经网络技术

3.2.1 神经网络模型的技术原理

神经网络是机器学习模型的一个重要分支，其模拟生物神经网络中神经元之间的信号激活和传输过程，根据多层神经元之间的相互连接和算法规则，对数据进行大规模并行处理、分布式信息存储和非线性映射操作，具有自组织、自适应和自学习能力，在人工智能领域得到广泛应用。

BP神经网络是基于误差逆传播算法的多层前馈神经网络，由Rumelhart和McClelland等于1986年提出，是目前应用最广泛的神经网络之一。BP神经网络的核心思想和算法规则是基于梯度搜索和最速下降法，通过反向传播来不断调整神经网络的权值和阈值，从而使神经网络的实际输出值和期望输出值的累积均方误差最小。

1. 网络结构

BP神经网络采用各层间神经元全连接的多层结构，包括输入层、一个或多个隐含层和输出层。通常情况下，只需要一个包含足够数量神经元的隐含层，BP神经网络就能以任意精度逼近间断点有限的非线性函数。

输入层的神经元个数即为输入的样本属性数目，输出层的神经元个数即为要预测的变量数目。隐含层的神经元个数是神经网络设计中的关键环节，数目过多会导致迭代次数多、容错率低以及泛化能力差；数目过少会导致学习不收敛和映射精度低。目前，隐含层的神经元个数只能通过经验和调参测试来确定，主要的经验公式见式（3-1）—式（3-3）：

$$n_2 = \sqrt{n_1 n_3} \tag{3-1}$$

$$n_2 = \sqrt{n_1 + n_3} + a \tag{3-2}$$

$$n_2 = \log_2 n_1 \tag{3-3}$$

式中　n_1——输入层神经元个数；

n_2——隐含层神经元个数；

n_3——输出层神经元个数；

a——[1, 10]之间的常数。

2. 激活函数

当神经元的输入值达到阈值时，可通过激活函数产生神经元的输出。神经元的激活函数主要包括：将输入值映射为输出值"0"或"1"的阶跃函数，见式(3-4)；将输入值映射为输出值"0~1"的单极性S形函数，见式（3-5）或"−1~1"的双极性S形函数，见式（3-6）。BP神经网络的隐含层通常采用Log-Sigmoid函数（简称Sigmoid函数）表示。

$$\mathrm{sgn}(x) = \begin{cases} 1 & (x \geqslant 0) \\ 0 & (x < 0) \end{cases} \quad (3\text{-}4)$$

$$\text{Log-Sigmoid}(x) = \frac{1}{1+\mathrm{e}^{-x}} \quad (3\text{-}5)$$

$$\text{Tan-Sigmoid}(x) = \frac{1-\mathrm{e}^{-x}}{1+\mathrm{e}^{-x}} \quad (3\text{-}6)$$

式中，x为激活函数的输入值。

3. 学习规则

BP神经网络的学习过程包括信号正向传播和误差反向传播两个过程：当信号正向传播时，输入的样本数据经标准化处理后，在输入层、隐含层和输出层中逐层传递，若实际输出值与期望输出值的误差不满足停止条件，则转入误差反向传播过程；当误差反向传播时，将实际输出值与期望输出值的误差反向传递至隐含层，依据隐含层和输出层各神经元的误差，确定其权值和阈值的调整量。

BP神经网络的学习规则是基于最小均方差误差准则，调整隐含层和输出层神经元的权值和阈值。对于样本集$D=\{(x_1, y_1), (x_2, y_2), \cdots, (x_m, y_m)\}$，其中$x_i$为第$i$个样本的$n_1$维属性集，$y_i$为第$i$个样本的$n_2$维预测变量集，记输出层第$j$个神经元的阈值为$\theta_j$，隐含层第$h$个神经元的阈值为$\gamma_h$，输入层第$i$个神经元与隐含层第$h$个神经元之间的连接权重为$v_{ih}$，隐含层第$h$个神经元与输出层第$j$个神经元之间的连接权重为$w_{hj}$，隐含层第$h$个神经元的输入为$\alpha_h = \sum_{i=1}^{n_1} v_{ih} x_i$、输出为$b_h$，输出

层第 j 个神经元的输入为 $\beta_j = \sum_{h=1}^{n_2} w_{hj} b_h$。对于样本点 (x_k, y_k)，神经网络的输出为 $\hat{y}_k = (\hat{y}_1^k, \hat{y}_2^k, \cdots, \hat{y}_{n_3}^k)$，见式（3-7）：

$$\hat{y}_j^k = \text{Sigmoid}(\beta_j - \theta_j) \tag{3-7}$$

得到 (x_k, y_k) 上的均方误差，见式（3-8）：

$$E_k = \frac{1}{2} \sum_{j=1}^{n_3} \left(\hat{y}_j^k - y_j^k\right)^2 \tag{3-8}$$

BP神经网络算法基于梯度下降策略，以目标的负梯度方向调整权值和阈值，使权值和阈值与误差的梯度下降成正比。给定学习率 $\eta \in (0, 1)$，输出层和隐含层的权值及阈值调整量计算见式（3-9）—式（3-14）。

$$\Delta w_{hj} = \eta g_j b_h \tag{3-9}$$

$$\Delta \theta_j = -\eta g_j \tag{3-10}$$

$$\Delta v_{ih} = \eta e_h x_i \tag{3-11}$$

$$\Delta \gamma_h = -\eta e_h \tag{3-12}$$

$$g_j = \hat{y}_j^k \left(1 - \hat{y}_j^k\right)\left(y_j^k - \hat{y}_j^k\right) \tag{3-13}$$

$$e_h = b_h(1 - b_h) \sum_{j=1}^{n_3} w_{hj} g_j \tag{3-14}$$

式中　g_j——输出层的梯度项；

e_h——隐含层的梯度项。

BP神经网络的算法流程如下：

输入：样本集 $D = \{(x_k, y_k)\}_{k=1}^m$，学习率 η。

过程：

1. 在（0，1）范围内初始化权值和阈值 v_{ih}、w_{hj}、θ_j、γ_h；
2. 对所有的 (x_k, y_k)，计算神经网络的输出 $\hat{y}_k$；
3. 计算输出层的梯度项 g_j；
4. 计算隐含层的梯度项 e_h；
5. 更新权值和阈值 v_{ih}、w_{hj}、θ_j、γ_h；

6. 判断是否满足累积误差 $E = \frac{1}{m}\sum_{k=1}^{m}E_k$ 或迭代次数的要求，是：学习结束；否：重复过程2—5。

输出：v_{ih}、w_{hj}、θ_j、γ_h 确定的BP神经网络。

3.2.2 神经网络映射模型的建模策略

评价指标是对道路设施表观状况和结构性能的量化表征，研究目标是通过神经网络映射模型得到各项性能评价指标，以此作为道路设施性能评估的依据，因此将评价指标作为神经网络的输出。检测指标与评价指标之间有着直接的联系，可以作为神经网络的输入。但面向快速检测需求选取的检测指标在一定程度上弱化了对道路表观三维特征的全面考虑，并缺少对结构力学响应信息的采集。同时，道路设施的表观状况受到结构、交通、环境等多因素的综合作用，难以根据有限个检测指标测得的数据来反溯推演其整体运行状态，即在某一评价指标上特征相同的多个路段，其表观状况不良可能源于下层结构的支承劣化、交通荷载的重复作用或路域环境的侵蚀效应等，从而在其他评价指标上体现出明显差异。因此，将结构、交通和环境指标同时作为神经网络的输入，在理论上可以有效提高模型的映射精度。为了兼顾映射精度和学习效率，考虑用主成分分析法（Principal Components Analysis，PCA）遴选重构的结构、交通和环境因子来代替相应指标，基于LTPP数据样本，在保留80%以上原始信息的同时，将指标体系进行降维，如图3-1所示，有效提高指标的独立性和显著性，简化并优化指标体系。

图3-1中指标符号的含义见表3-1。

表3-1　　　　　　　　路网基础设施性能影响参数指标符号含义

S1:面层厚度	S2:基层厚度	S3:沥青面层回弹模量	S4:沥青面层泊松比
S5a:无机结合料弹性模量	S5b:粒料回弹模量	S5c:沥青结合料回弹模量	
S6:路基回弹模量	T1:AADT	T2:AADT年增长率	T3:AADTT
T4:AADTT年增长率	T5:ESAL	T6:ESAL年增长率	E1:年平均气温
E2:年平均最高气温	E3:年平均最低气温	E4:年极端最高气温	E5:年极端最低气温
E6:高温天数	E7:冰冻天数	E8:冻融天数	E9:冻结指数
E10:年降水量	E11:年降雪量	E12:降水天数	E13:强降水天数
E14:年平均最大湿度	E15:年平均最小湿度	E16:最大月辐射强度	E17:最小月辐射强度

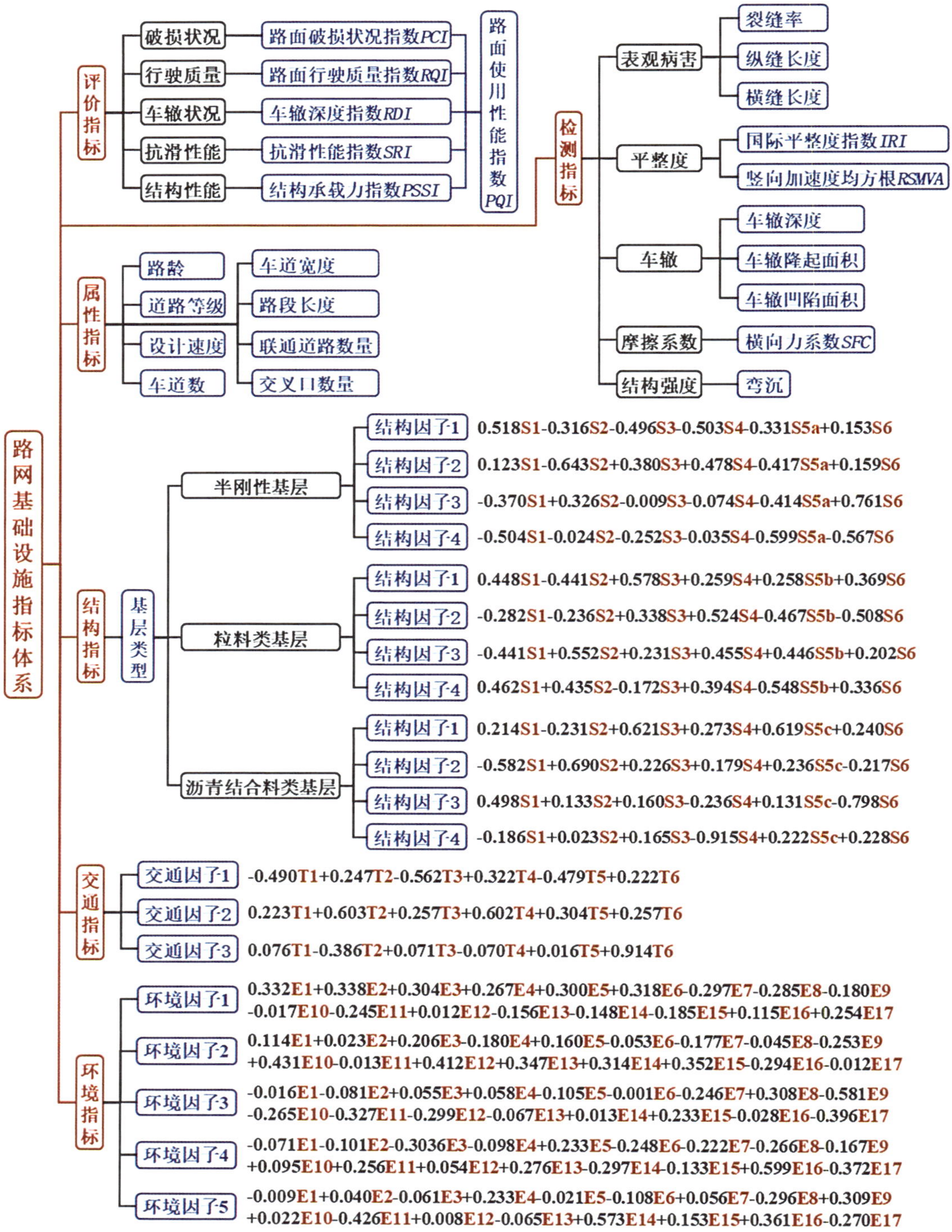

```
路网基础设施指标体系
├── 评价指标
│   ├── 破损状况 ── 路面破损状况指数PCI ┐
│   ├── 行驶质量 ── 路面行驶质量指数RQI │
│   ├── 车辙状况 ── 车辙深度指数RDI     ├── 路面使用性能指数PQI ── 检测指标
│   ├── 抗滑性能 ── 抗滑性能指数SRI    │         ├── 表观病害 ── 裂缝率 / 纵缝长度 / 横缝长度
│   └── 结构性能 ── 结构承载力指数PSSI ┘         ├── 平整度 ── 国际平整度指数IRI / 竖向加速度均方根RSMVA
│                                                 ├── 车辙 ── 车辙深度 / 车辙隆起面积 / 车辙凹陷面积
│                                                 ├── 摩擦系数 ── 横向力系数SFC
│                                                 └── 结构强度 ── 弯沉
├── 属性指标
│   ├── 路龄 ── 车道宽度
│   ├── 道路等级 ── 路段长度
│   ├── 设计速度 ── 联通道路数量
│   └── 车道数 ── 交叉口数量
├── 结构指标 ── 基层类型
│   ├── 半刚性基层
│   │   ├── 结构因子1: 0.518S1-0.316S2-0.496S3-0.503S4-0.331S5a+0.153S6
│   │   ├── 结构因子2: 0.123S1-0.643S2+0.380S3+0.478S4-0.417S5a+0.159S6
│   │   ├── 结构因子3: -0.370S1+0.326S2-0.009S3-0.074S4-0.414S5a+0.761S6
│   │   └── 结构因子4: -0.504S1-0.024S2-0.252S3-0.035S4-0.599S5a-0.567S6
│   ├── 粒料类基层
│   │   ├── 结构因子1: 0.448S1-0.441S2+0.578S3+0.259S4+0.258S5b+0.369S6
│   │   ├── 结构因子2: -0.282S1-0.236S2+0.338S3+0.524S4-0.467S5b-0.508S6
│   │   ├── 结构因子3: -0.441S1+0.552S2+0.231S3+0.455S4+0.446S5b+0.202S6
│   │   └── 结构因子4: 0.462S1+0.435S2-0.172S3+0.394S4-0.548S5b+0.336S6
│   └── 沥青结合料类基层
│       ├── 结构因子1: 0.214S1-0.231S2+0.621S3+0.273S4+0.619S5c+0.240S6
│       ├── 结构因子2: -0.582S1+0.690S2+0.226S3+0.179S4+0.236S5c-0.217S6
│       ├── 结构因子3: 0.498S1+0.133S2+0.160S3-0.236S4+0.131S5c-0.798S6
│       └── 结构因子4: -0.186S1+0.023S2+0.165S3-0.915S4+0.222S5c+0.228S6
├── 交通指标
│   ├── 交通因子1: -0.490T1+0.247T2-0.562T3+0.322T4-0.479T5+0.222T6
│   ├── 交通因子2: 0.223T1+0.603T2+0.257T3+0.602T4+0.304T5+0.257T6
│   └── 交通因子3: 0.076T1-0.386T2+0.071T3-0.070T4+0.016T5+0.914T6
└── 环境指标
    ├── 环境因子1: 0.332E1+0.338E2+0.304E3+0.267E4+0.300E5+0.318E6-0.297E7-0.285E8-0.180E9
    │              -0.017E10-0.245E11+0.012E12-0.156E13-0.148E14-0.185E15+0.115E16+0.254E17
    ├── 环境因子2: 0.114E1+0.023E2+0.206E3-0.180E4+0.160E5-0.053E6-0.177E7-0.045E8-0.253E9
    │              +0.431E10-0.013E11+0.412E12+0.347E13+0.314E14+0.352E15-0.294E16-0.012E17
    ├── 环境因子3: -0.016E1-0.081E2+0.055E3+0.058E4-0.105E5-0.001E6-0.246E7+0.308E8-0.581E9
    │              -0.265E10-0.327E11-0.299E12-0.067E13+0.013E14+0.233E15-0.028E16-0.396E17
    ├── 环境因子4: -0.071E1-0.101E2-0.3036E3-0.098E4+0.233E5-0.248E6-0.222E7-0.266E8-0.167E9
    │              +0.095E10+0.256E11+0.054E12+0.276E13-0.297E14-0.133E15+0.599E16-0.372E17
    └── 环境因子5: -0.009E1+0.040E2-0.061E3+0.233E4-0.021E5-0.108E6+0.056E7-0.296E8+0.309E9
                   +0.022E10-0.426E11+0.008E12-0.065E13+0.573E14+0.153E15+0.361E16-0.270E17
```

图3-1　遴选重构后的路网基础设施指标体系

注：因子与指标间的转换关系（主成分系数）对应中心化后的指标。

为检验上述神经网络建模策略的合理性，针对三类基层结构沥青路面的评价指标 PCI，分别建立了三种 BP 神经网络映射模型，具体包括：①仅以检测指标（裂缝率、纵缝长度、横缝长度）作为输入，共 3 个输入层神经元；②检测指标与全部的结构指标、交通指标和环境指标一同作为输入，共 32 个输入层神经元；③检测指标与 PCA 法遴选重构的结构因子 1—4、交通因子 1—3 和环境因子 1—5 作为输入，共 15 个输入层神经元。为匹配输入层神经元数目，上述三种 BP 神经网络映射模型的隐含层神经元数目分别取 10 个、20 个和 16 个。选用学习效果最优的贝叶斯正则化（Bayesian Regularization）训练算法，以均方误差 MSE 作为训练目标（性能函数），以神经网络模型在测试集中的映射值和真实值之间的决定系数 R^2 表征映射精度，以达到最优时的迭代次数表征学习效率，分别将三类基层结构沥青路面的数据样本以 70% 与 30% 的比例随机分为训练集和测试集。

当仅以检测指标作为神经网络的输入时，均方误差 MSE 最大，达到最优的迭代次数最少；采用全指标作为神经网络的输入时，MSE 最小，达到最优的迭代次数最多；采用 PCA 法优化后的指标作为神经网络的输入时，其 MSE 十分接近全指标的 MSE，而达到最优的迭代次数要明显少于全指标的 MSE。三种 BP 神经网络模型的训练过程如图 3-2 所示。

三种 BP 神经网络模型的映射精度如图 3-3 所示，训练结果如表 3-1 所列。总体上，仅以检测指标作为神经网络的输入时 R^2 最小，采用全指标作为输入时 R^2 最大，采用 PCA 法优化后的指标作为输入时 R^2 略小于采用全指标的。对于半刚性基层而言，采用指标优化时的映射精度相比仅采用检测指标提升了 2.2%，学习效率相比采用全指标提升了 174.6%，映射精度仅下降 0.5%；对于粒料类基层，采用指标优化时的映射精度相比仅检采用测指标提升了 2.5%，学习效率相比采用全指标提升了 250.0%，映射精度仅下降 0.3%；对于沥青结合料类基层，采用指标优化时的映射精度相比仅采用检测指标提升了 3.2%，学习效率相比采用全指标提升了 137.7%，映射精度仅下降 0.4%。由此可见，采用 PCA 法优化后的指标作为 BP 神经网络模型的输入，可以实现映射精度和学习效率的最优平衡。

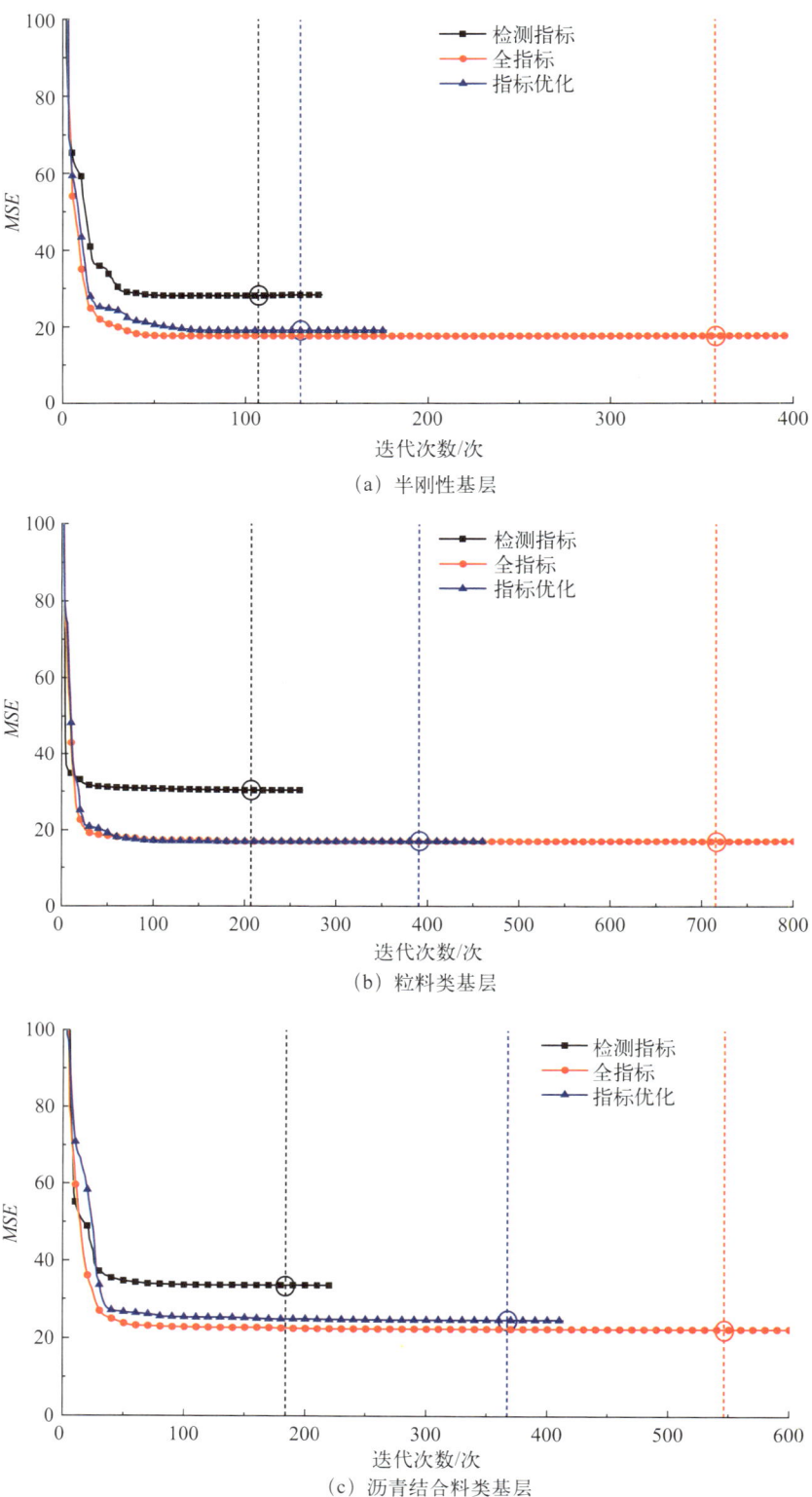

(a) 半刚性基层

(b) 粒料类基层

(c) 沥青结合料类基层

图3-2　BP神经网络的训练过程

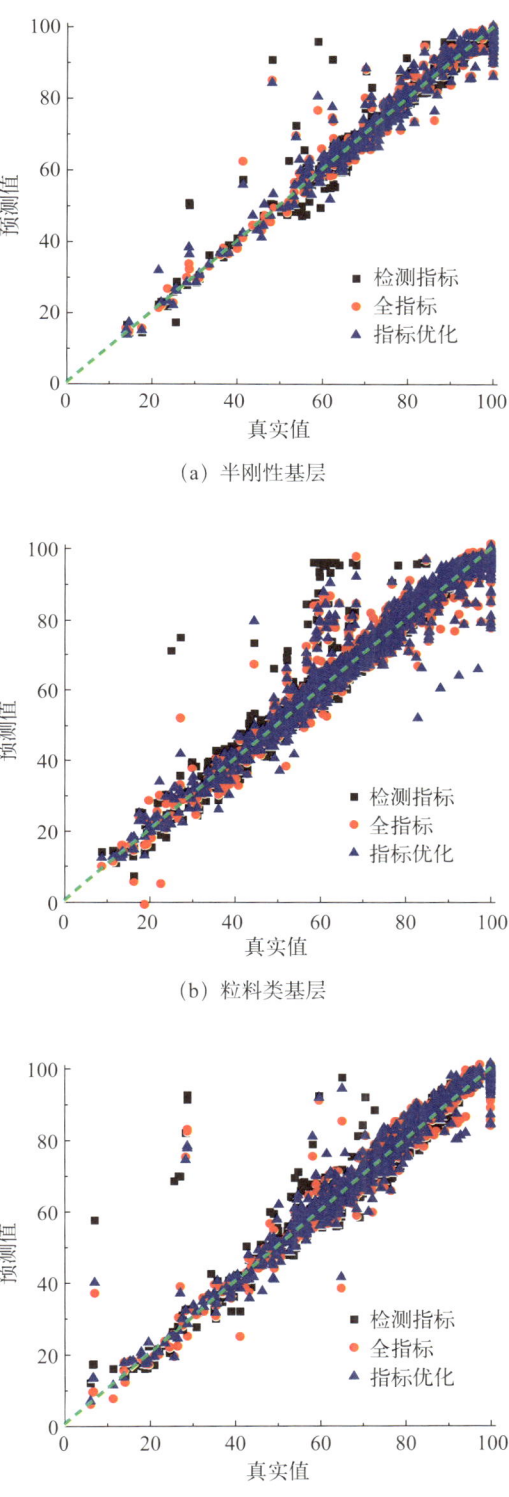

(a) 半刚性基层

(b) 粒料类基层

(c) 沥青结合料类基层

图 3-3 BP神经网络的映射精度

表3-1　　　　　　　　　BP神经网络的训练结果

结构类型	神经网络	迭代次数/次	最小MSE	R^2	
				训练集	测试集
半刚性基层	检测指标	107	28.068 8	0.951	0.927
	全指标	357	17.674 9	0.952	0.952
	指标优化	130	19.222 7	0.948	0.947
粒料类基层	检测指标	207	30.250 5	0.937	0.924
	全指标	715	17.014 2	0.957	0.950
	指标优化	390	17.130 6	0.956	0.947
沥青结合料类基层	检测指标	184	33.568 7	0.923	0.910
	全指标	546	22.508 2	0.950	0.943
	指标优化	367	24.802 5	0.943	0.939

3.3 路网条件下单体道路基础设施服役性能评估模型

面向道路基础设施性能快速检测的技术要求，选取裂缝率、裂缝长度、IRI、竖向加速度均方根（Root Mean Square of Vertical Acceleration，RSMVA）、车辙深度和车辙面积等检测指标，客观上难以全面反映出道路设施总体性能。在目前的技术条件和测试背景下，面向结构性能检测的弯沉指标难以适配检测的快速化要求，面向抗滑性能检测的SFC指标实际应用较少，因此未予以采用。

在交通荷载和路域环境的复杂作用，以及各类病害间的耦合影响下，道路设施往往同步出现路面表观损坏、平整度下降、车辙状况加剧、抗滑性能失效、结构性能劣化等现象，各类病害的分布、频率、程度及演化态势同时受到结构、交通、环境等因素的综合影响。将裂缝率与长度、IRI与RSMVA、车辙深度与面积等检测指标，以及包含结构、交通和环境信息的各类因子作为神经网络模型的输入，反溯推演出道路设施总体性能，随后正向映射其抗滑性能和结构性能，以便兼顾快速化的检测要求和全面性的评价目标。

根据前文对BP神经网络输入参数的分析结果，对于破损状况评价指标PCI的神经网络映射模型，本章选用裂缝率、纵缝长度、横缝长度等检测指标和结构因子1—4、交通因子1—3、环境因子1—5作为输入。三类基层结构的神经网络映射模型的训练过程、映射精度、误差分布分别如图3-4—图3-6所示,训练结果如表3-2所列。对于三类基层结构的沥青路面,BP神经网络模型对 PCI 的映射精度达到94%,表明神经网络输入与输出之间的隐性函数关系得到有效挖掘和充分验证。半刚性基层的 PCI 映射误差分布相比其他两类基层结构更集中于"零位误差",即误差的整体分布更趋近于0或极小值。

对于 RQI 和 RDI,由于其与 IRI 和路面车辙深度(Rutting Depth,RD)之间有着直接的线性换算关系,因此不考虑建立二者的神经网络模型。

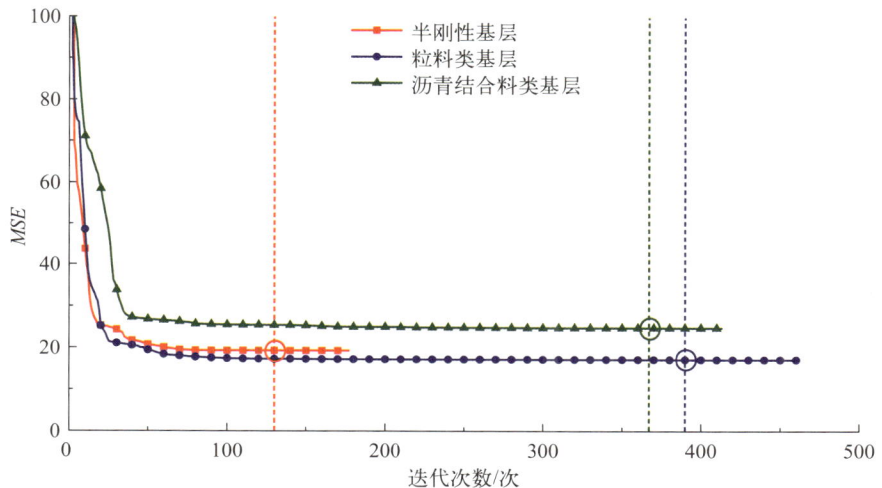

图 3-4　PCI 模型的训练过程

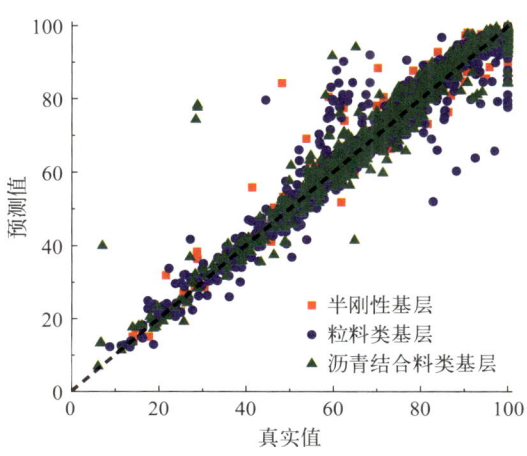

图 3-5　PCI 模型的映射精度

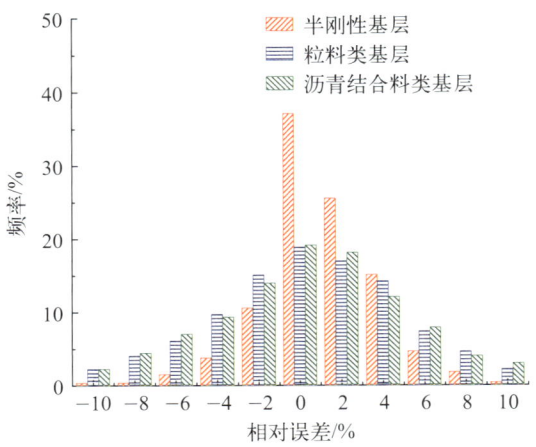

图 3-6 *PCI* 模型的误差分布

表 3-2 *PCI* 模型的训练结果

基层类型	迭代次数/次	最小 *MSE*	R^2	
			训练集	测试集
半刚性基层	130	19.222 7	0.948	0.947
粒料类基层	390	17.130 6	0.956	0.947
沥青结合料类基层	367	24.802 5	0.943	0.939

对于 *SRI*、*PSSI* 和 *PQI* 的神经网络映射模型，选用裂缝率、纵缝长度、横缝长度、*IRI*、*RSMVA*、车辙深度、车辙隆起面积和车辙凹陷面积等检测指标和结构因子 1—4、交通因子 1—3、环境因子 1—5 作为输入。LTPP 项目提供了不同采样间隔的 *RSMVA* 数据，根据 *RSMVA* 与 *RQI* 的相关性分析结果（图 3-7），采用 1.2 m 采样间隔的数据，这一采样间隔同样有利于实现快速化检测和低成本运算。

SRI 映射模型的训练过程、映射精度、误差分布分别如图 3-8—

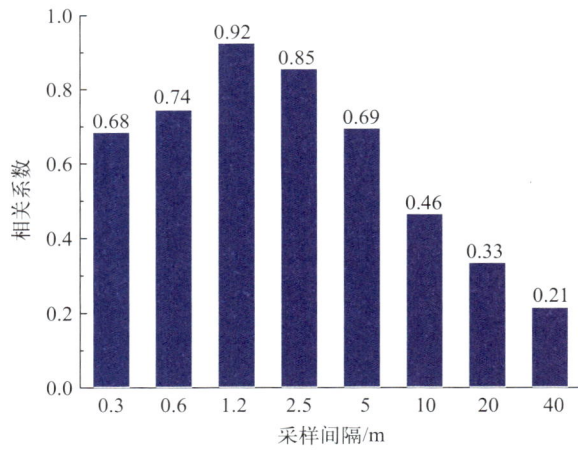

图 3-7 *RSMVA* 与 *RQI* 的相关性

图 3-10 所示，训练结果见表 3-3。由于没有与 *SRI* 直接相关的检测指标作为神经网络的输入，*SRI* 模型经过训练学习达到最优映射精度时所需的迭代次数明显高于 *PCI* 模型，*SRI* 模型的 R^2 在训练集与测试集上的差异性也明显高于 *PCI* 模型。对于不同基层结构的 BP 神经网络对 *SRI* 的映射精度，半刚性基层和粒料类基层约为 90%，沥青结合料类基层约为 86%，说明选取的输入指标基本能对 *SRI* 有较高精度的映射。

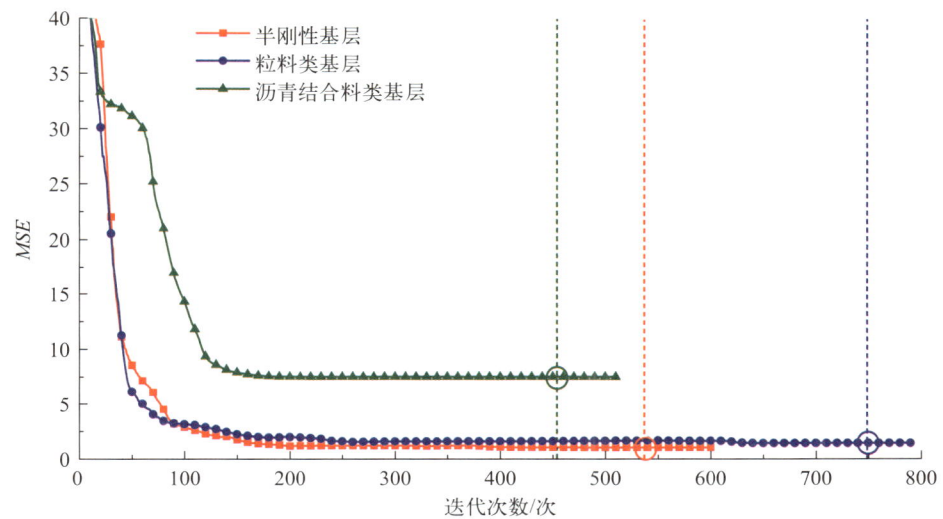

图 3-8 *SRI* 模型的训练过程

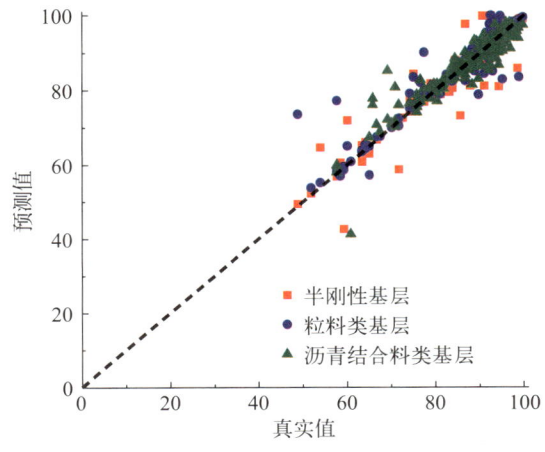

图 3-9 *SRI* 模型的映射精度

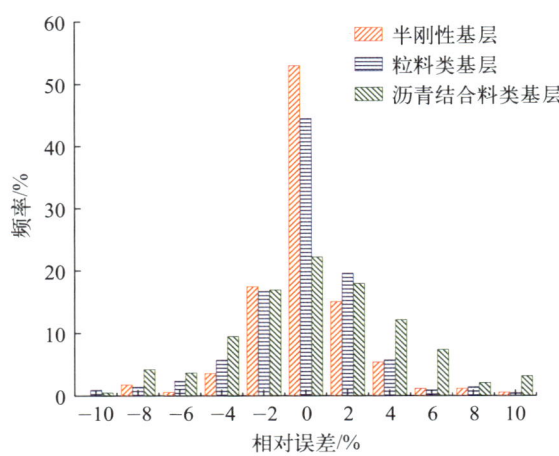

图 3-10　SRI 模型的误差分布

表 3-3　　　　　　　　　　SRI 模型的训练结果

基层类型	迭代次数/次	最小 MSE	R^2 训练集	R^2 测试集
半刚性基层	537	1.084	0.991	0.898
粒料类基层	749	1.441 4	0.987	0.907
沥青结合料类基层	454	7.541 5	0.889	0.857

PSSI 映射模型的训练过程、映射精度、误差分布分别如图 3-11—图 3-13 所示，训练结果如表 3-4 所列。同样地，PSSI 模型训练学习所需的迭代次数高于 PCI 模型，但低于 SRI 模型，训练集与测试集的 R^2 差异性相比 SRI 模型也略低。不同基

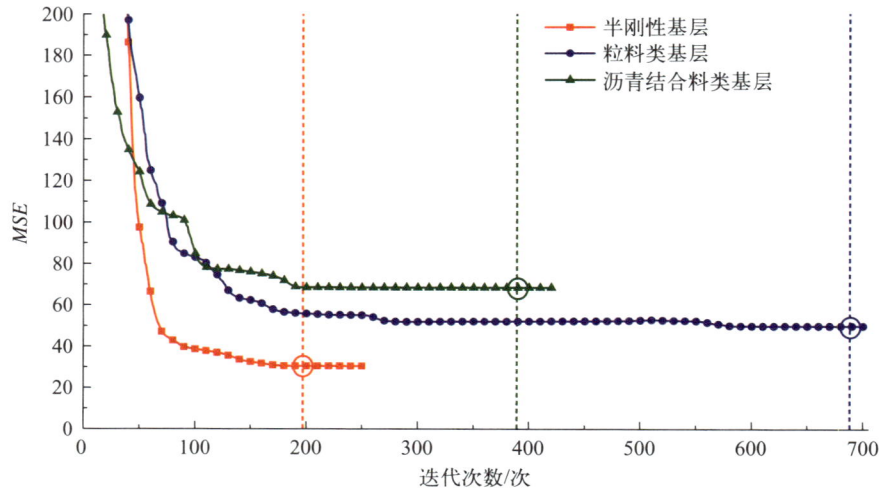

图 3-11　PSSI 模型的训练过程

层结构的BP神经网络对$PSSI$的映射精度约为88%~89%,说明通过裂缝、平整度、车辙的相关检测指标也能够较为有效地评估道路设施的结构状况。

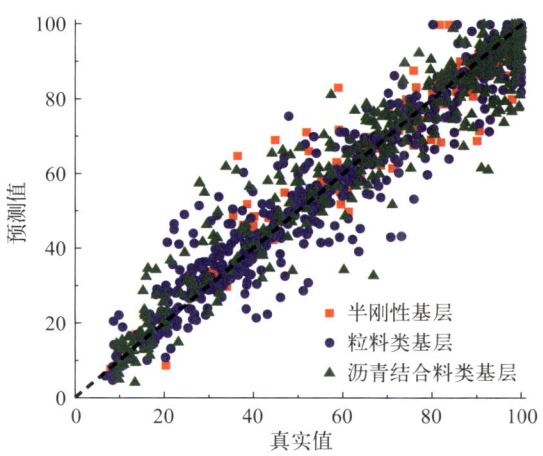

图3-12 $PSSI$模型的映射精度

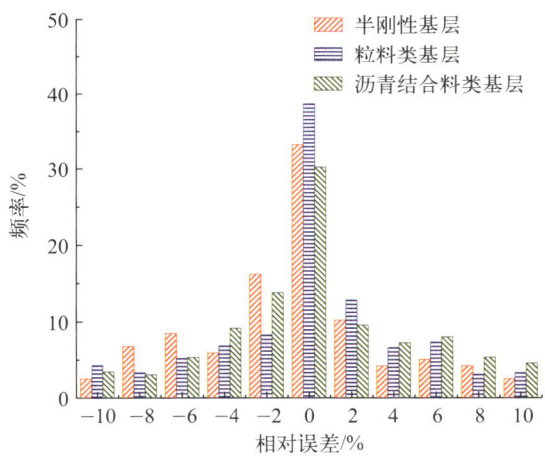

图3-13 $PSSI$模型的误差分布

表3-4　　　　　　　　　　　$PSSI$模型的训练结果

基层类型	迭代次数/次	最小MSE	R^2	
			训练集	测试集
半刚性基层	197	30.3300	0.942	0.884
粒料类基层	688	49.6834	0.934	0.891
沥青结合料类基层	389	68.3111	0.919	0.876

PQI 映射模型的训练过程、映射精度、误差分布分别如图3-14—图3-16所示，训练结果见表3-5。PQI 反映了道路设施的总体性能状况，由于有高相关性的裂缝、平整度、车辙等检测指标作为神经网络的输入，因此 PQI 模型的训练效果和映射精度要优于 SRI 模型和 $PSSI$ 模型。对于不同的基层结构，神经网络模型对 PQI 的映射精度基本达到93%，说明建立的数据驱动-机器学习模型能够在适配快速检测的前提下，实现道路设施性能的准确评估。

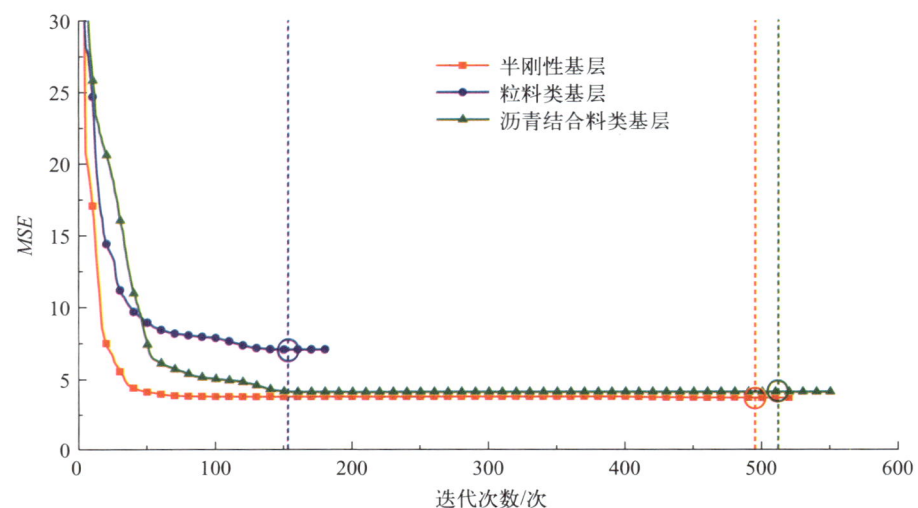

图3-14　PQI 模型的训练过程

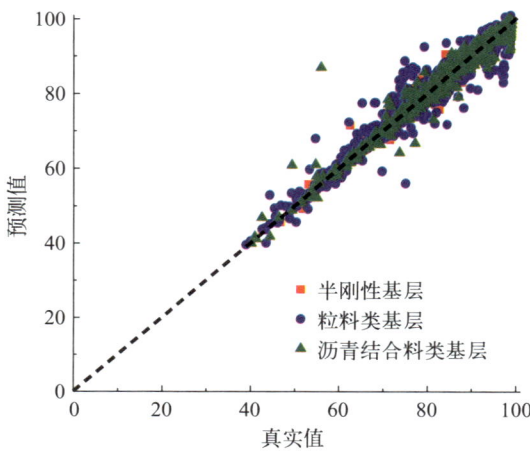

图3-15　PQI 模型的映射精度

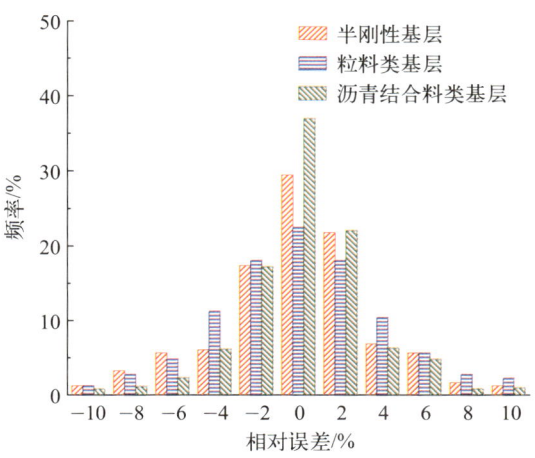

图 3-16　PQI 模型的误差分布

表 3-5　　　　　　　　　　PQI 模型的训练结果

基层类型	迭代次数/次	最小 MSE	R^2	
			训练集	测试集
半刚性基层	495	3.717 7	0.970	0.929
粒料类基层	153	7.045 1	0.950	0.941
沥青结合料类基层	512	4.100 7	0.974	0.933

4
路网条件下单体道路基础设施服役状态预测方法

4.1 路网条件下单体道路基础设施预测的基本原理

结合路面巡检和监测数据，实现对于路面使用性能的合理、准确预测，是路面等道路基础设施态势分析中一个重要的环节。当前常见的路面使用性能模型主要包括确定性模型、概率模型和其他模型，其中，确定性模型根据构建方法又可分为经验模型、力学模型和经验-力学模型。经验模型、概率模型和大部分的其他模型在本质上属于数据统计模型，而力学模型和经验-力学模型则有较为明确的力学假设和可靠的理论推导。因此，在实际应用中，力学模型对不同的工况条件具有更好的适用性，但同时也存在许多问题，如力学模型假设与实际工况存在较大差异，模型难以表征实际工程问题中的不确定性，预测结果与实际测量值之间存在较大的偏差。相较于基于力学分析的方法，基于数据统计的方法在数据拟合精度和计算效率等方面表现更优异，而在对不同工况的外推性方面则表现得较差。在区域路网的背景下，路面性能检测具有数据量大、数据结构复杂繁多的特点，采用基于力学分析的方法难以得到较为合理的预测结果，因此本书采用机器学习的方法，基于当前得到广泛研究和应用的深度学习模型，构建出路面使用性能的预测方法。在路面使用性能预测中，预测指标主要包括两大类：一类是路面结构性能指标，另一类是路面表观性能指标。当前对于路面结构性能的分析，主要基于FWD等结构性能检测试验，但此方法不适用于区域路网条件下的道路设施性能预测分析。因此，本书主要侧重于道路表观性能指标的预测和分析。

本章从路面性能预测需求出发，对比分析了当前常见的深度学习模型，选取BP神经网络模型和卷积神经网络（Convolutional Neural Network，CNN）模型作为研究对比对象，依托区域路网历史检测数据和美国长期路面性能监测计划，构建基于深度神经网络模型的路面使用性能预测模型。本书中道路设施性能预测采用迭代的方法，即以前一年的性能指标为基础，输入环境作用参数、交通荷载参数和结构性能参数等指标，输出后一年的性能指标。通过对比分析发现，基于CNN模型具有更高的预测精度和鲁棒性，因此选定该模型作为最终的预测模型。

4.2 面向道路基础设施服役性能预测的数据驱动-力学模型融合方法

在数据驱动的路面使用性能预测模型构建过程中，主要考虑了机器学习算法。机器学习目前已成为整个计算机领域中最活跃、应用潜力最显著的方向之一，在模式识别、计算机视觉、语音识别、自然语言处理等领域得到了广泛的应用和验证，特别是随着以多层神经网络、循环神经网络（Recurrent Neural Network，RNN）和CNN等为代表的深度学习算法的兴起，机器学习算法在大数据处理领域显示出极大的优越性。而在深度学习等数据驱动学习算法应用中，存在训练数据有限、模型收敛缓慢等问题，针对该问题，融合理论先验的机器学习方法逐渐得到越来越多的关注和研究。其中，常见融合范式包括：基于力学模型拓展样本数据库、基于迁移学习方法、基于力学模型约束的损失函数等具体方法。

4.2.1 数据驱动的机器学习模型对比与选取

以当前应用较为广泛的深度学习为基础，初步建立基于数据驱动的路面使用性能预测模型，由于BP神经网络在前文中已经进行了详细的介绍和应用，这里主要介绍CNN和RNN两种深度学习网络结构。

1. 卷积神经网络

CNN是人工神经网络和深度学习算法中重要的一员，在图像处理和语音语义分析等领域发挥着重要的作用。一般情况下，使用多层BP神经网络训练数据能够取得良好的效果，但随着研究问题复杂度的不断增加，传统的BP神经网络出现了难以克服的问题。在传统的BP神经网络中，需要通过手动收集数据中的有效信息，并采用复杂的预处理过程来获取数据的特征向量，最后通过定义的、可训练的分类器对上述特征变量进行分类和识别，从而实现对目标对象的分类。但是如果不使用手动的特征提取，而是把原始数据作为输入数据时，会出现维度爆炸等问题。例如，当隐藏层数据达到100个隐藏单元时，网络的连接参数可能达到几万个权重甚至数十万个权重；当训练数据较少时，神经网络极易出现过拟合现象。相较于传统的浅层神经网络，CNN结构层次更为复杂，但CNN层间连接和神经元共享连接权重以及时间或空间上使用降采样以充分利用数据本身的特征。以上特点使得CNN与传统神经网络相比维度大幅降低，从而降低了计算的复杂度。

CNN主要分为两个过程，分别为卷积和采样。卷积主要是对上层数据进行提取抽象，采样则是对数据进行降维。在CNN中，输入层将相同大小的数据作为输入，之后每一层的输出作为下一层的输入。CNN每一层神经元的排列与传统的神经网络不同，CNN中的神经元只与相邻的上一层和下一层相连，从而形成局部感知，神经元在这样的结构中可以自动根据数据分布提取数据特征，进而能够实现对于不同类型样本的分类工作。CNN的权重和传统的BP网络相似，也使用了反向传播的方法。由于这一特点，CNN能够直接处理输入的数据，由此可以说明，CNN能够自己提取特征，共享权重则可以有效地减少一些参数的数目，从而提高网络的效率。

如图4-1所示，CNN结构层通常包括卷积层、池化层和输出层，在卷积层和池化层之间，通过激活函数进行连接。与BP神经网络相似，在CNN中，常见的激活函数包括Sigmoid函数、Tanh函数和ReLU函数等。其中，ReLU函数应用较为常见。神经网络中的卷积层通常由若干卷积单元组成，在训练过程中，每个卷积单元的参数都是通过反向传播算法优化得到的，卷积运算的目的是提取不同的输

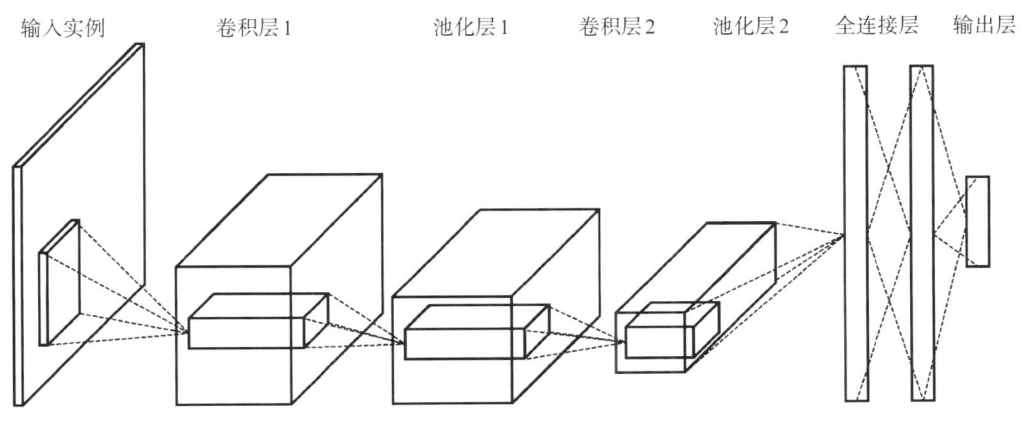

图4-1 卷积神经网络示意

入特征，初始卷积层提取的通常是较为低级的特征，而多层的网络则从低级特征中迭代提取更为复杂的特征。池化层是CNN中重要的结构组成，它实际上是一种形式的降采样。常见的池化层包括最大池化、平均池化和L2范数池化等，其中最大池化在实践中的表现较为良好，当前应用较为广泛。最大池化层将输入的数据划分为若干个矩形区域，对每个子区域输出最大值。直觉上，这种机制能够有效的原因在于，在发现一个特征之后，它的精确位置远不及它和其他特征的相对位置的关系重要。池化层会不断减小数据的空间大小，因此参数的数量和计算量也会减少，这在一定程度上也控制了过拟合现象。除池化层外，输出层的目的也是为了防止CNN出现过拟合的情况。根据设置的随机采样概率，随机需使神经元激活值为0，而在测试的时候不再采用输出层，从而能够大大提高所训练模型的鲁棒性，达到提高训练模型预测精度的目的。

2. 循环神经网络

传统神经网络模型，数据流从输入层到隐藏层再到输出层，层与层之间是全连接的，每层之间的节点是无连接的，这种网络难以处理时间序列这类前后存在依赖关系的数据。而RNN则将隐藏层变成有连接的形式，进而捕捉序列中的信息，从而能够很好地处理序列数据，它已经在自然语言处理（如词向量表达、语句合法检查等）领域取得了巨大的成功。

RNN可以在一段时间内对连续数据进行建模，然后对连续数据进行相当复杂的转换。RNN在理论上被证明是一个图灵机，原则上可以将一个变长序列映射到另一个变长序列，当RNN按时间展开时，它相当于非常深的神经网络，它在每一个时间步中接收输入，并且共享网络参数，RNN的递归可以作为网络的一个很好的记忆机制，在每一个时间步中，网络单元内的权重参数通过不断地更新，从而实现在输入的信息向量中保留需要沿着时间继续向前传播的信息，并丢弃可以忽略的信息。RNN结构如图4-2所示。输入向量通过线性变化与经过矩阵变换的上一时刻的隐藏层状态结合，并通过非线性变化得到当前时刻的隐藏层状态，输出则由当前时刻的隐藏层状态通过非线性变换得到。

RNN通过隐藏节点之间的连接，一定程度上解决了序列前后相互依赖的问题。RNN在理论上是强大的，但是由于内部循环周期，循环神经网络需要使用沿时间的反向传播算法来进行学习，但是，在训练过程中极易出现梯度弥散和梯度爆炸等问题，尽管通过梯度阶段或者更换激活函数能够避免此类问题，但仍然难以

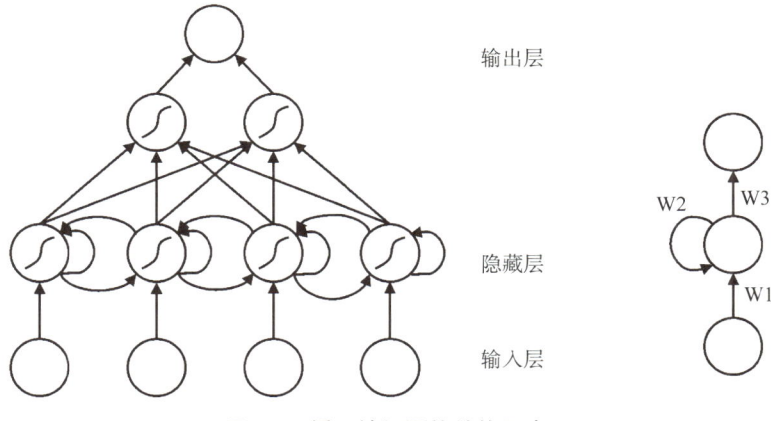

图 4-2 循环神经网络结构示意

解决长时依赖等问题。针对该问题,长短期记忆网络(Long Short-Term Memory,LSTM)被提出。LSTM通过可学习的门和增加记忆单元的方式来实现复杂的反馈结构,从而确保一些反馈路径可以使梯度及时有效地回流。LSTM结构主要包括输入门、遗忘门、输出门、新记忆单元和最终记忆单元,如图4-3所示。

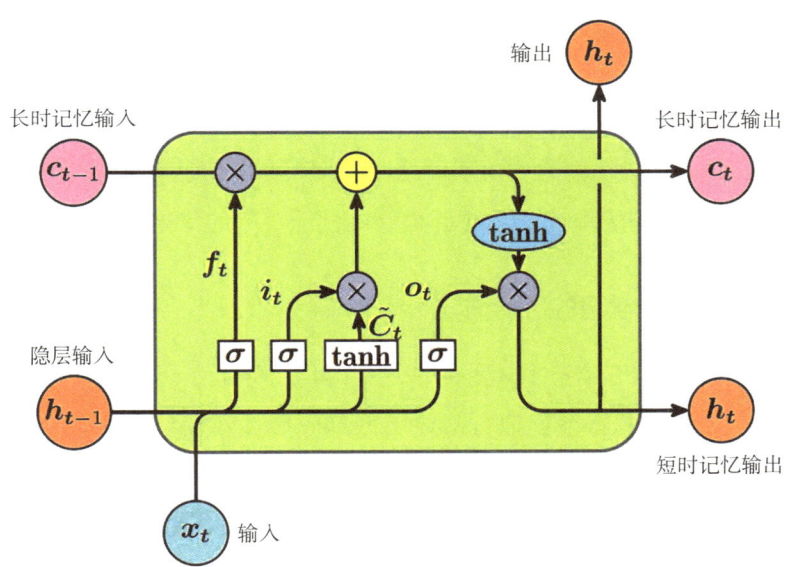

图 4-3 LSTM模型结构示意

输入门和遗忘门分别根据输入数据和上一时刻隐藏层状态来衡量新旧记忆单元对最终记忆单元的重要程度。新记忆单元根据输入数据和上一时刻隐藏层状态生成新记忆,而最终记忆单元则由新旧记忆单元共同生成。输出门则被用于从最终记忆中分离出当前时刻的隐藏层状态,它能评估最终记忆中哪部分需要显示在隐藏层状态中。门控机制和新旧记忆单元的引入，使网络能够有效保留对最终结果有益的历史信息而忽略无用信息，从而一定程度上解决了长时依赖等问题。

4.2.2 基于力学模型拓展样本数据库的融合方法

由于检测成本等条件的约束，路面使用性能检测周期一般较长，尤其路面结构性能检测周期通常为3~5年，这导致路面检测数据规模和工况复杂程度均受限。在路面使用性能预测中，丰富、高质量的样本数据是深度学习等人工智能算法的应用前提。基于力学模型生成不同工况下的路面使用性能演化数据，可为深度学习算法的应用提供数据支撑。

结构性能是路面使用性能分析的重要方面。在当前研究中，路面结构性能的分析多基于现场FWD试验，采用层状弹性体系理论或有限元模型分析路面结构在冲击荷载作用下的结构响应，并通过与实测结果的对比和迭代优化，确定路面结构层的力学性能参数。该计算过程往往计算成本较高，且迭代易落入局部最优解，造成不可靠的计算结果。基于深度学习，实现FWD检测结果和路面表观性能等参数到路面结构性能参数的快速映射，是当前路面结构性能评价和预测中常见的手段。基于有限元数值仿真等手段，获取不同结构参数组合下，路面结构在荷载作用下的响应，形成路面结构性能参数快速映射模型。基于路面结构性能参数快速映射模型，结合路面结构信息、材料信息、荷载信息以及气候环境信息等，构建路面结构性能参数演化数据库，在此基础上，构建路面结构性能参数的演化预测模型。

4.2.3 基于迁移学习的融合方法

迁移学习是当前机器学习中重要的分支，其任务是基于不同领域问题的相似性，将旧领域学习过的特征提取方法或模型等应用在新领域中，从而能够提升模型的性能并降低模型训练的成本。由于方法的不同，迁移学习可以分为基于数据样本的迁移、基于特征的迁移、基于模型的迁移和基于关系的迁移。基于数据的迁移需要满足不同领域数据相近的要求，在应用中存在一定的局限性，基于特征的迁移同样难以应用于路面性能预测模型的构建，而基于关系的迁移学习目前研究相对较少。因此，主要探讨基于模型的迁移学习在路面性能预测中的应用。

基于模型的迁移主要依靠从源域和目标域中找到能够在不同领域模型之间共享的参数信息，从而实现不同领域的模型参数的迁移。这种迁移方式要求源域中的数据与目标域中的数据可以共享一些模型参数。在路面性能预测中，迁移学习同样能够用于解决训练样本不足和数据质量较差等问题。与基于力学模型拓展样本数据库的方法相似，在基于迁移学习的融合方法中，同样可以基于力学模型生成不同工况下的路面性能演化样本，随后将生成的数据样本应用于深度学习模型的训练，在基于生成样本数据训练的基础上，应用现场实测数据对初步训练的深度学习模型进行训练，从而提升基于深度学习的模型的预测精度和可靠性。

4.2.4 基于力学模型约束的损失函数的融合方法

在基于深度学习模型的路面使用性能预测中，随着深度学习模型复杂度的增加，模型的预测精度会得到提升，但模型预测的波动性也同样会大大增加，而基于力学分析等理论模型的物理一致性，则可以在不改变模型预测精度的情况下，通过约束所训练模型的函数空间，从而提升模型预测的可靠度。由于理论模型和物理规律具有多样性，因此，在构建基于理论模型约束的模型损失函数时，函数形式也具有一定的多样性，但损失函数的基本形式如式（4-1），即损失函数 $\mathcal{L}$ 由两部分组成：基于深度学习的预测模型的预测值与实测值之间的差异和物理不一致性所造成的差异。

$$\mathcal{L} = \mathcal{L}_{supervised\,loss}(Y_{pred}, Y_{true}) + \lambda \mathcal{L}_{phsical\,unconsistency} \tag{4-1}$$

式中 $\mathcal{L}_{supervised\,loss}(Y_{pred}, Y_{true})$ ——预测值与实测值的偏差损失；

$\mathcal{L}_{phsical\,unconsistency}$ ——与理论模型不协调的损失；

λ ——两类损失的平衡参数。

在路面使用性能预测中，已有大量的经验回归模型，此类模型具有明确的物理含义和函数形式，能够为基于深度学习的路面使用性能预测模型提供一定的支撑。其中，常见的一个应用方法是将此类预测函数整合进入损失函数中，即将基于此预测函数的预测值与基于深度学习的预测值的差值作为损失函数的一部分。通过该方法，可以将深度学习模型的预测值约束在传统经验回归模型的预测值相近的分布区域内，避免出现不合理的预测情况。同时，由于存在基于物理一致性的损失函数，当训练数据不足或训练数据中的工况有限时，基于深度学习的模型预测值同样也被约束在较为合理的数值区间。在理论分析中，通常会存在一些约束关系，如在路面温度预测中，路面温度的受热传导方程的约束可以将相关物理量的关系是否满足理论模型的约束作为损失函数的一部分整合到深度学习模型的损失函数中。

4.3 路网条件下单体道路基础设施服役性能预测模型

基于前期数据整理工作,在数据驱动的路面使用性能预测模型构建过程中,本章分别考虑了路面结构层设置、结构层厚度、结构层材料、路面标准交通轴载、重车比例、光辐射、降雨、温度和历史检测信息等13个指标,分别表征了路面结构信息、交通荷载信息、气候环境信息和历史检测信息,模型的输出参数仅考虑路面车辙和平整度两项路面性能指标。整体而言,建立的模型基于路面使用性能影响因素指标和路面使用性能历史监测数据,以获取未来一段时间内路面使用性能指标的变化状况,如图4-4所示。

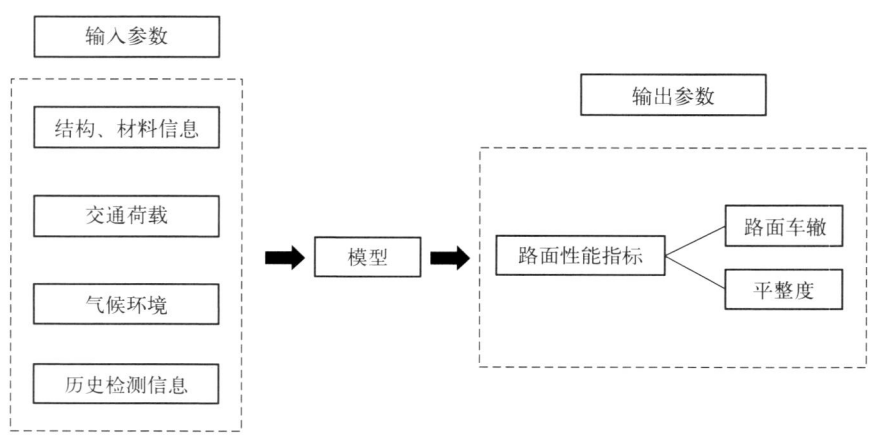

图4-4 路面使用性能预测模型参数示意

采用的BP神经网络模型结构如图4-5所示,BP神经网络共包含三层,第一层为输入层,维数为13,对应13个输入指标;第二层为隐藏层,当前对于BP神经网络中隐藏层维度的设置方法仍不够明确,在实际使用过程中,需要基于网络构建者的经验,采用试错的方法来获取较为合适的隐藏层维数。在本模型构建过程中,当隐藏层维数取值为90时,模型具有较良好的表现;模型第三层为输出层,输出层为模型的输出指标,在本模型中,共包含平整度和车辙两项指标,因此,模型输出层的维数为2。模型隐藏层的激活函数为修正线性单元(Rectified Linear Unit,ReLU),模型示意如图4-6所示。采用ReLU的神经元在计算上更加高效,能够大大提升神经网络的收敛速率,同时,当前研究表明生物神经网络中同时处于兴奋状态的神经元具有稀疏性,即只有少部分的神经元同时处理激活状态,而ReLU具有很好的稀疏性,因此,该激活函数在当前深度神经网络等机器学习模型构建中应用广泛。

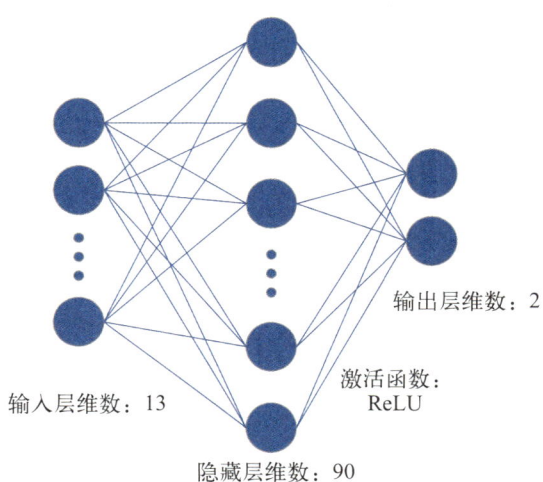

图 4-5　基于 BP 神经网络的路面使用性能预测模型结构示意

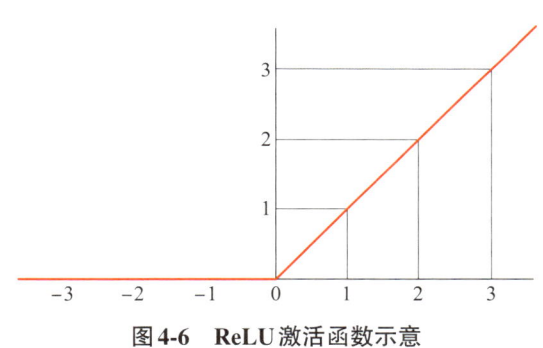

图 4-6　ReLU 激活函数示意

基于 BP 神经网络的路面使用性能预测模型训练指标和预测指标如图 4-7 和图 4-8 所示，以模型在训练集上的损失函数和拟合精度随迭代次数的变化来表征 BP 神经网络的拟合性能，以模型在验证集上的损失函数和拟合精度随迭代次数的变化来表征 BP 神经网络的预测性能。通过调整模型参数可以发现，在迭代 2 000 次后，模型拟合损失和验证损失都趋于稳定，其中拟合损失接近 2 000，而预测损失则接近 4 000，此时，模型拟合精度达到 94% 以上，而模型预测精度则达到 84.1%，满足当前对于路面使用性能预测模型精度的要求。

为对比基于不同神经网络的路面使用性能模型的异同，本章同时构建了基于 CNN 的路面使用性能预测模型（图 4-9），该模型包含两层多维卷积层，获取输入数据在不同维度上的特征和输入数据在映射空间中不同维度的特征，各卷积层在提取多维度数据后，均采用池化层来进一步提取特征，降低数据维度，获取数据特征，通过设置输出层来提高数据鲁棒性，进而提升数据的预测精度。

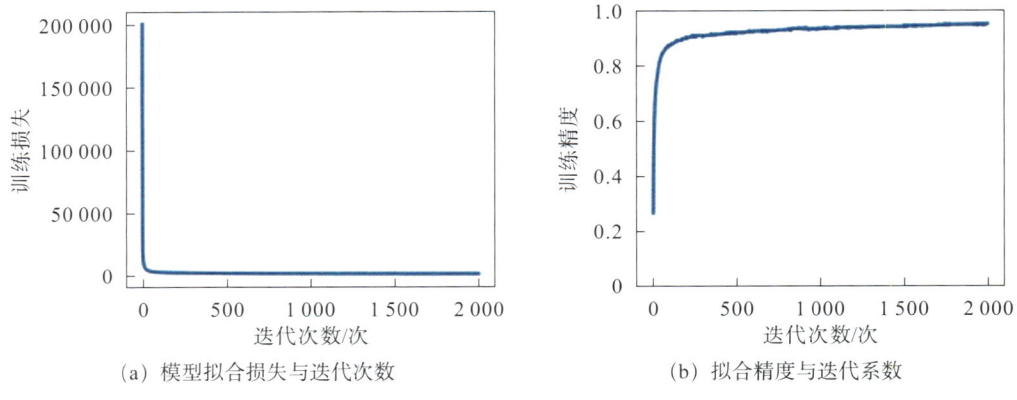

图 4-7　BP神经网络模型训练指标

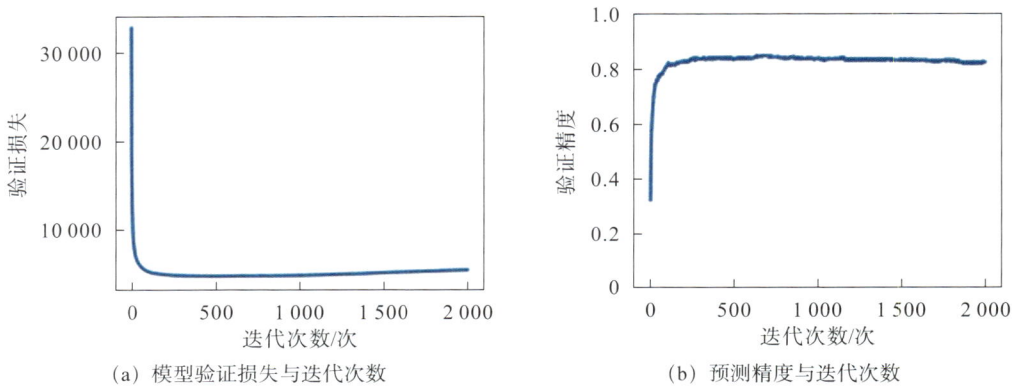

图 4-8　BP神经网络模型预测指标

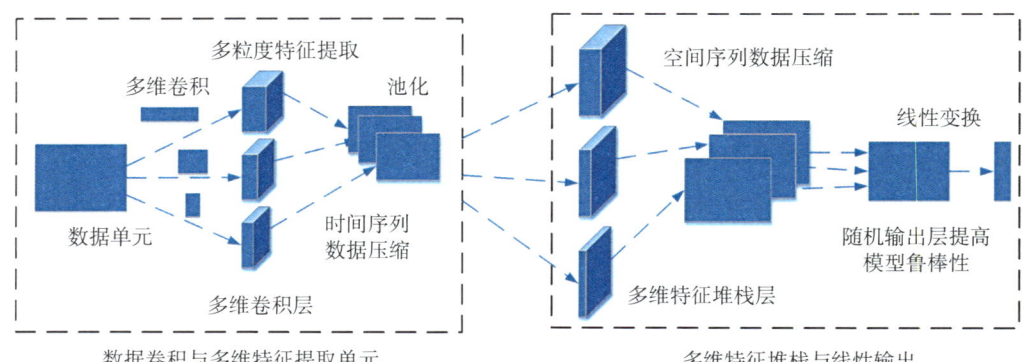

图 4-9　基于CNN的路面使用性能预测模型结构示意

基于CNN的路面使用性能预测模型在训练集和验证集上的表现分别如图4-10和图4-11所示，在迭代2 000次后，模型趋于稳定，在训练集上，模型拟合损失趋近于1 000，而在验证集上，模型预测损失趋近于1 300，此时，模型拟合精度超过83%，而模型预测精度则为83.9%。

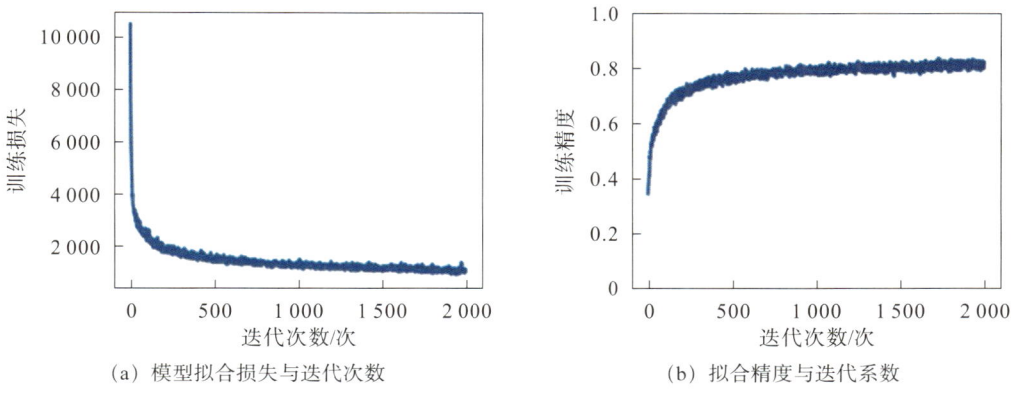

(a) 模型拟合损失与迭代次数　　　　　　(b) 拟合精度与迭代系数

图4-10　CNN模型训练指标

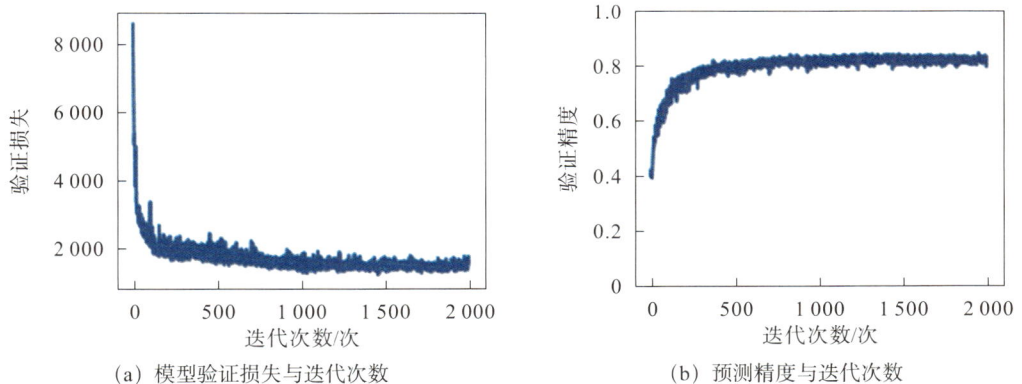

(a) 模型验证损失与迭代次数　　　　　　(b) 预测精度与迭代次数

图4-11　CNN模型预测指标

与基于BP神经网络的路面使用性能预测模型相比，基于CNN的路面使用性能预测模型在预测精度上稍逊色于BP神经网络，但需要注意的是，在迭代结束时，CNN模型仍然呈现出上升的趋势，因此，通过增加迭代次数，CNN模型的预测精度将有望得到进一步提升。此外，观察训练过程中模型拟合精度和预测精度的变化可以发现，CNN模型的拟合精度与预测精度较为接近，这说明模型具有较好的鲁棒性。因此，在后续研究中，将继续对这两类模型的性能进行试验和对比，从而获取性能最优的路面使用性能预测模型。

5 道路基础设施服役性能与路网交通运行状态耦合理论

5.1 路网条件下道路基础设施性能与交通运行状态相互影响的特点

区域/跨区域道路路网基础设施运行状态既包含道路基础设施服役性能，也包含路网交通运行状态，道路基础设施服役性能衰变与路网交通流重分配存在很强的耦合作用。由于缺乏相应的分析理论和方法，以往基础设施监测、预警和运行维护难以实现二者协同作业。随着我国交通网络的不断完善扩充，道路网络效应不断增强，网络结构越来越复杂，面向单体设施和单一路段基础设施运行状态的传统评估预测方法已不能满足现阶段综合交通发展需求。为了完成上述两项工作，必须要对路网设施服役性能状态与交通状态之间的相互影响关系进行深入细致的分析。但是交通路网是投资巨大的基础设施，基于真实的路网系统开展试验不但成本巨大，还会严重影响交通系统的正常运转。而仿真技术作为研究工具，可以充分利用计算机的高速计算能力，相对真实地模拟路网道路设施状态在路网系统上的动态演进。通过仿真推演定量分析道路基础设施服役性能与路网交通运行状态耦合关系，探究路网交通基础设施态势的演化规律和服务能力，可以为对于如何提高路网基础设施的服役能力、提升路网面对设施服役状态的变化能力具有指导作用。对确保交通和社会经济的稳定运作、推动行业科技发展进步具有重要意义和广阔的应用前景。

道路基础设施性能衰变对交通运行状态的影响，可以通过直接影响交通行为来体现，也可以通过交通管理间接影响交通行为来体现。为了研究道路基础设施性能衰变对交通行为的影响规律，将道路基础设施性能衰变分为两类，一类为直接影响交通行为的道路基础设施损坏；另一类为通过交通管理影响交通行为的道路基础设施损坏。道路基础设施性能衰变分类如图 5-1 所示。

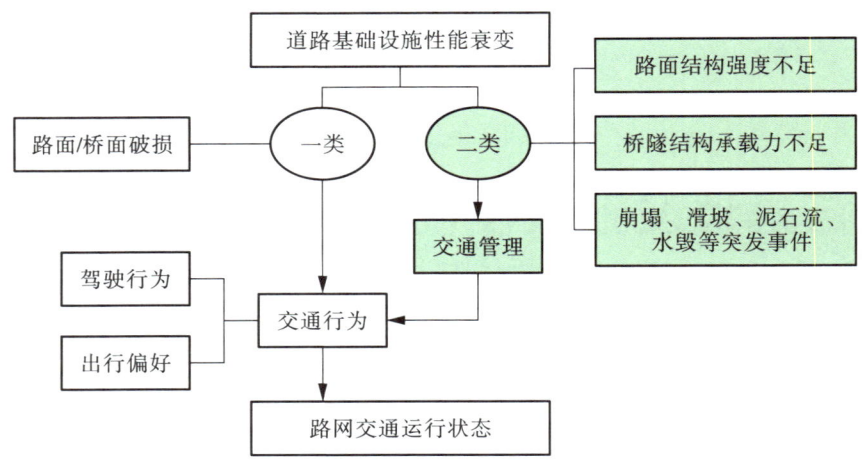

图 5-1 道路基础设施性能衰变分类

一类即道路基础设施服役性能衰变从直接影响交通行为的角度出发，考虑道路基础设施性能衰变对驾驶员的心理生理、车辆运行安全性、车辆运行顺畅性、道路通行能力等方面的影响，从而影响车速、路径偏好及行车轨迹。二类即道路基础设施性能衰变从影响交通管理的角度出发，考虑道路基础设施服役性能衰变对基础设施本身结构安全、车辆运行安全的影响。现有的道路基础设施损坏类型分类主要从病害的成因、破坏类型出发，以道路养护为目的。交通行为直接影响因素是基于驾驶员对病害的识别，从而对车辆行驶模式和行驶路径做出决策，由此影响交通流的运行特性，重点在于道路基础设施损坏的形态（形状、大小及深度）和位置，而非道路基础设施类型、病害成因和结构强度。例如，对交通行为直接影响的道路基础设施主要考虑道路主体结构，道路沿线附属设施的影响则可以忽略不计。路面损坏类型中缝类破损只要没有明显的错台或接缝料损坏等严重情况，就不会对车辆行驶造成显著影响。因此，初步选取路面沉陷、坑槽、剥落、坑洞、接缝料损坏等最常见的、易造成驾驶员减速、躲避行为的破损，即路面破损为路面衰变内容；路基的损坏均能间接体现在路面破损上，当考虑交通行为的影响因素时，不重复考虑；边坡的一般性损坏（如缺口、裂缝、风化等）也不会对车辆行驶造成显著影响，而当边坡发生滑坡、崩塌、泥石流等地质灾害或水毁时，交通行为的影响主要通过管理部门对交通进行管制来体现，不作为直接影响因素考虑。因此，选取路面破损为一类道路基础设施性能衰变。选取路面结构强度下降、桥隧结构承载能力减小，崩塌、滑坡、泥石流、水毁等突发性灾害引起的边坡路基损坏为二类道路基础设施性能衰变。

综上所述，道路基础设施服役性能衰变通过对交通管理（如限速、限载、限流等）和交通行为（如路径偏好、车速选择）的影响，进而对路网交通流分配、服务水平、运输效率、安全性等产生影响。此外，路网交通流（包括交通量、车型比例）的重分配会引起路段轴载、车速等的变化，从而进一步影响道路基础设施服役性能衰变，形成动态平衡，见图5-2。

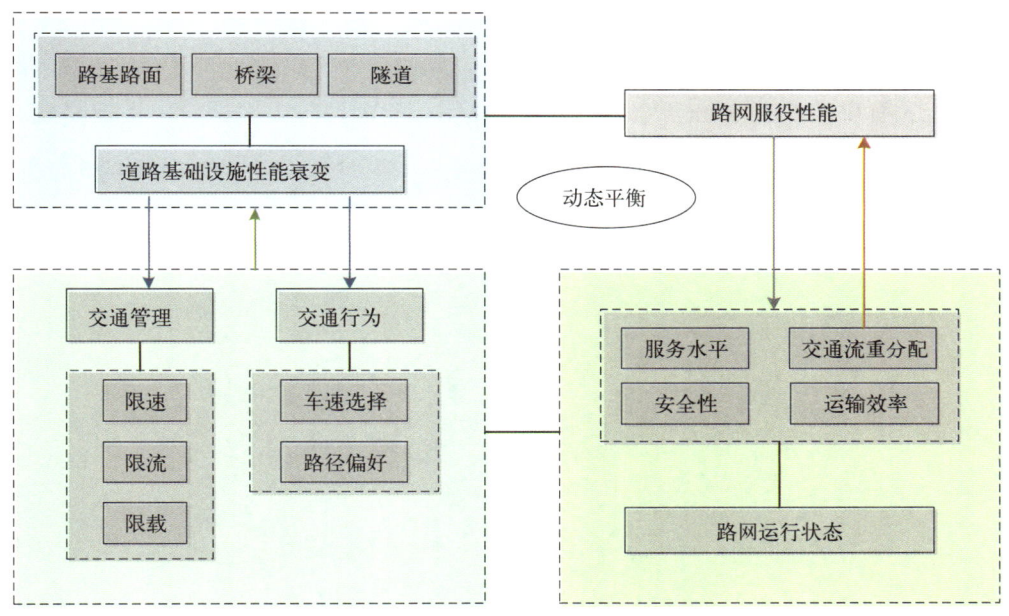

图5-2　道路基础设施服役性能与路网交通流耦合关系

5.2　道路基础设施服役性能差异下的实车试验及驾驶模拟试验

我们开展了道路舒适度评测实车试验和差异化道路基础设施服役性能下的模拟驾驶试验，并结合试验进行了问卷调查。通过对试验和问卷结果的分析，根据国内高速道路基础设施运行状态指标体系和实际养护运营情况，我们建立了道路基础设施服役性能衰变和通行能力的关系，提供了路网仿真模型参数标定的方法。同时，初步确定了道路基础设施服役性能衰变的阈值确定原则，为交通流仿真模型核心算法提供理论依据。

5.2.1　道路舒适度评测实车试验

1. 试验对象

1) 试验人员

本次试验按照自愿原则，招募若干名驾驶员参与试验。所有测试者年龄均在

19~35岁，且身体健康，听力正常，视力或矫正后视力均正常，并有一定的实际道路驾驶经验。试验中驾驶员仅进行驾驶操作行为，禁止非驾驶操作行为。

2）试验路面

试验路面分别采用比利时路面和搓板路面，车辆分别在比利时路面和搓板路面上行驶。比利时路面即整齐块石路面，因其最早起源于比利时而得名，它是用坚硬耐磨的石料细琢加工成型的块石或条石铺砌而成的高级路面结构。其要求石块形状近似立方体或长方体，顶面与底面大致平行，底面积不小于顶面积的75%。本次试验采用的石块长约22.5 cm，宽为12.5~13.0 cm，见图5-3。本次试验中搓板路面波长约为61 cm，波峰略大于波谷，波峰约为2.8 cm，波谷约为2.4 cm，如图5-4所示。

图5-3 试验用比利时路面

图5-4 试验用搓板路面

3）试验车辆

参与试验的车辆为整车空载重量1.310 t的家用小轿车雪佛兰科鲁兹和整车空载重量为7.975 t的载重货车陕汽奥龙，见图5-5和图5-6。本次试验通过十轴

GPSIMU 惯性导航仪北斗惯导组合陀螺仪 BMI160 加速度角度传感器来采集行驶过程中车辆的三轴加速度和速度等信息，传感器见图 5-7。

图 5-5 试验用家用小轿车

图 5-6 试验用载重货车

图 5-7 十轴 GPSIMU 惯性导航仪北斗惯导组合陀螺仪 BMI160 加速度角度传感器

2. 试验过程

试验时，要求驾驶员以"自己认为合适"的速度或规定的速度匀速行驶，进行驾驶行为和运行参数的监测和采集。"自己认为合适"的速度行驶是指：从路面的起点处以速度 0 km/h 开始加速，加速到规定的初始速度后自由行驶，自由行驶期间的速度则由驾驶员凭自己的感觉自由控制；匀速行驶是指：从路面的起点处以速度 0 km/h 开始加速，加速到规定的速度，并要求保持该速度行驶。

试验中波浪路面正弦波的波长及波幅要求对驾驶员保密，希望驾驶人员在不知道路面平整度的情况下，选择自己适应的车速。试验过程中要求驾驶员每驾驶完波浪路面后至少休息 10 min，并让驾驶员在此期间填写简单的问卷调查，以减少前段波浪路面的驾驶对后段试验的干扰，提高试验的真实性和准确性。试验员在旁记录每段试验的开始时间、结束时间及相应的自由行驶速度或规定行驶速度，以便后续的数据整理。试验中需要记录下车辆行驶行为的数据，即利用传感器记录车辆的速度和加速度，速度记录单位为km/h，加速度记录单位为m/s²，记录频率为50 Hz。在试验结束后，通过驾驶员在不同路段的驾驶体验，对驾驶时处于的舒适度等级进行问卷调查；通过收集问卷信息，以获取驾驶员可能会在自由行驶时保持的行驶速度。

3. 平整度评价方法

目前，路面平整度的基本评价方法主要分为主观评价法和客观评价法。其中，主观评价法是由有经验的驾驶员和乘客组成的专门小组来完成汽车行驶的平顺性主观评价，该小组成员按预定的方式驾驶和乘坐一组车辆来主观评价行驶平顺性的水平或特性，然后完成相应的主观评价表，最后综合确定出人体的乘坐舒适性。此评价方法一般用于在相同试验条件下（路况、车速、气象等条件）车辆的比较，通过统计分析法可以建立相对可信度。但是，主观评价的缺点也很明显，需要根据丰富的经验、认真的规划、进行统计上的无偏差采样、但个人对振动感觉的复杂性以及不同层次或不同组人员给出的评价车辆平顺性数据差异仍无法清除。

客观评价法主要借助于测量仪器来完成对随机振动数据的采样和记录，在专用数据处理机上进行数据处理，得到相应的分析值，该值与相对应的限值指标相比较，即可较为客观地确定车辆的行驶平顺性。但任何单一评价法都存在一定的局限性，因此本试验采用主观评价法和客观评价法相结合的方式。本次试验中客观评价法涉及的指标主要包括IRI、路面平整度标准差σ等。

IRI：采用四分之一车辆模型，以80 km/h的车速在已知路面上行驶，计算每公里悬挂系统的相对竖向位移的累计值，单位为m/km。由于路面纵断面的高程是不连续且随机的，因此很难用确定且统一的数学函数表达出来，一般采用数值方法获得。

路面平整度标准差σ：车辆行驶在公路路面上是一种随机的过程，应采用随机函数的指标来表征路面的平整度，使路面的凹凸不平与随机函数之间建立起密切关系。随机统计理论认为，车辆行驶到一定距离，遇到不同程度的凹凸是成正态函数分布的，而标准差σ是正态分布函数最重要的一个特征值。因此，采用标准差σ来表征路面平整度性能，具有明确、实际的物理意义。

以上指标均只考虑了车辆的垂直方向振动，但根据国际标准化组织在1997年公布的ISO2631-1—1997：《机械振动与冲击人体暴露于全身振动的评价（第1部分）：一般要求》(GB/T 13441.1—2007）可知，国际标准化组织在人体对不同频率的振动敏感程度不同，z轴方向最敏感的频率范围是 4~12.5 Hz。可知在 4~8 Hz 频率范围中，人的内脏器官产生共振；在 8~12.5 Hz 频率范围中，对人的脊椎系统影响很大。而 x、y 方向最敏感的频率范围是 0.5~2 Hz。大约在 3 Hz 以下，人体对水平振动比对垂直振动更敏感，且汽车车身部分系统在此频率范围内会产生共振，故应对水平振动给予充分重视。

因此，我们提出加权加速度均方根值作为平整度评价指标，其计算方法为滤波网络法，将测得的 $a(t)$ 通过相应的频率加权函数 $w(f)$ 的滤波网络，得到加权加速度时间历程 $a_w(t)$。各轴向的频率的加权函数如图 5-8 所示。

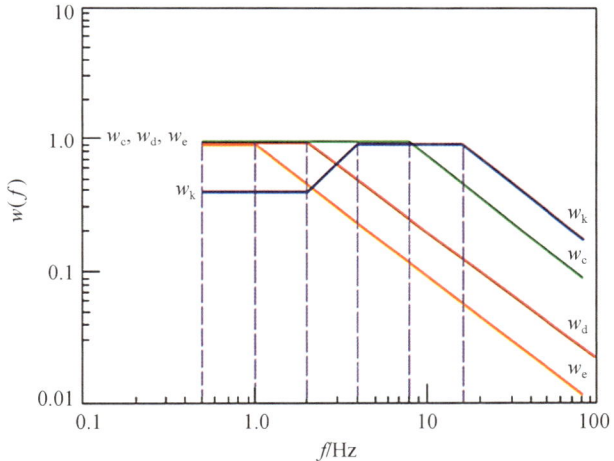

图 5-8　各轴向频率加权函数（渐近线）

图 5-8 中 $w_k(f)$、$w_d(f)$、$w_c(f)$、$w_e(f)$ 分别按照式（5-1）、式（5-2）、式（5-3）和式（5-4）计算得到。

$$w_k(f) = \begin{cases} 0.5 & (0.5\,\text{Hz} < f < 2\,\text{Hz}) \\ \dfrac{f}{4} & (2\,\text{Hz} < f < 4\,\text{Hz}) \\ 1 & (4\,\text{Hz} < f < 12.5\,\text{Hz}) \\ \dfrac{12.5}{f} & (12.5\,\text{Hz} < f < 80\,\text{Hz}) \end{cases} \quad (5\text{-}1)$$

$$w_d(f) = \begin{cases} 1 & (0.5\,\text{Hz} < f < 2\,\text{Hz}) \\ \dfrac{2}{f} & (2\,\text{Hz} < f < 80\,\text{Hz}) \end{cases} \quad (5\text{-}2)$$

$$w_c(f) = \begin{cases} 1 & (0.5\,\text{Hz} < f < 2\,\text{Hz}) \\ \dfrac{8}{f} & (2\,\text{Hz} < f < 80\,\text{Hz}) \end{cases} \quad (5\text{-}3)$$

$$w_e(f) = \begin{cases} 1 & (0.5\,\text{Hz} < f < 2\,\text{Hz}) \\ \dfrac{1}{f} & (2\,\text{Hz} < f < 80\,\text{Hz}) \end{cases} \quad (5\text{-}4)$$

采用式（5-5）对加权加速度时间历程 $a_w(t)$ 积分，得到加权加速度均方根值 a_w：

$$a_w = \left[\frac{1}{T}\int_0^T a_w^2(t)\,\mathrm{d}t\right]^{\frac{1}{2}} \quad (5\text{-}5)$$

式中，T 为振动的分析时间，一般取 120 s。

采用式（5-6）计算得到总加权振级 L_{aw}：

$$L_{aw} = 20\lg\left(\frac{a_w}{a_0}\right) \quad (5\text{-}6)$$

式中，a_0 为参考加速度均方根值，$a_0 = 10^{-6}\,\text{m/s}^2$。

根据《机械振动与冲击 人体暴露于全身振动的评价 第1部分：一般要求》（GB/T 13441.1—2007）中有关人体对不同频率的振动敏感程度的表述，加权加速度均方根值 a_w 和加权振级 L_{aw} 与人的主观感觉之间的关系如表5-1所列。

表5-1　　　　　　　　　　L_{aw} 和 a_w 与人的主观感觉之间的关系

加权加速度均方根值 a_w	加权振级 L_{aw}	人的主观感觉
<0.315	110	没有不舒适
0.315~0.63	110~116	有一些不舒适
0.5~1.0	114~120	相当不舒适
0.8~1.6	118~124	不舒适
1.25~2.5	112~128	很不舒适
>2.0	126	极不舒适

4. 结果分析

通过数据提取，分别绘制试验车辆在比利时路面和搓板路路面上行驶时强制规定在该速度下行驶的速度变化图，如图5-9和图5-10所示，可见驾驶员在规定速度为 30~40 km/h 行驶时，速度波动较大，行驶舒适性不佳。

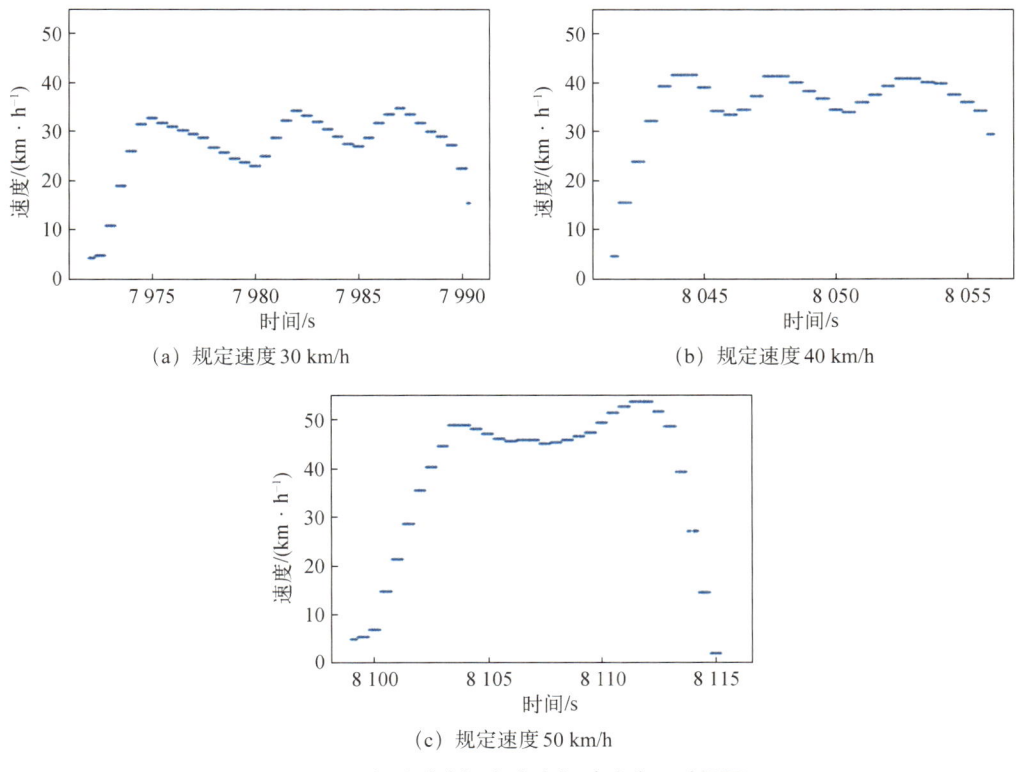

图 5-9 比利时路规定速度行驶速度-时间图

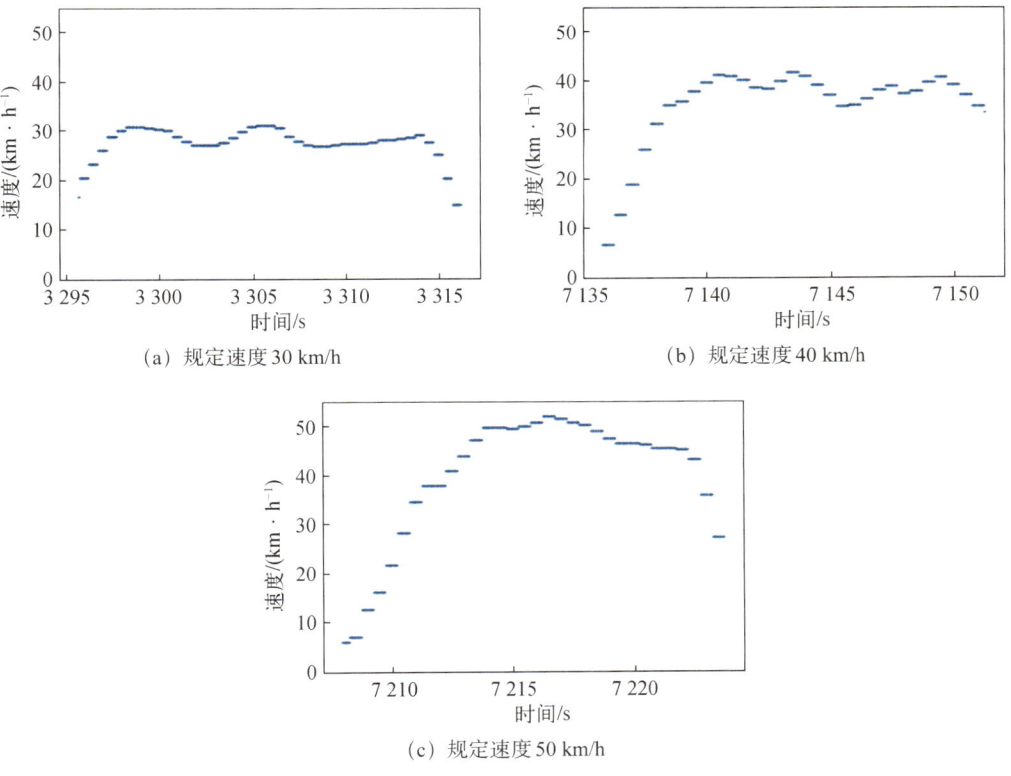

图 5-10 搓板路规定速度行驶速度-时间图

图 5-11 分别表示了在比利时路面和搓板路面上自由行驶，初始速度为 30 km/h、40 km/h 和 50 km/h 的速度-时间图。由此看出，驾驶员会将速度尽量控制在 40 km/h 以上，以便获得更加舒适的驾驶体验。

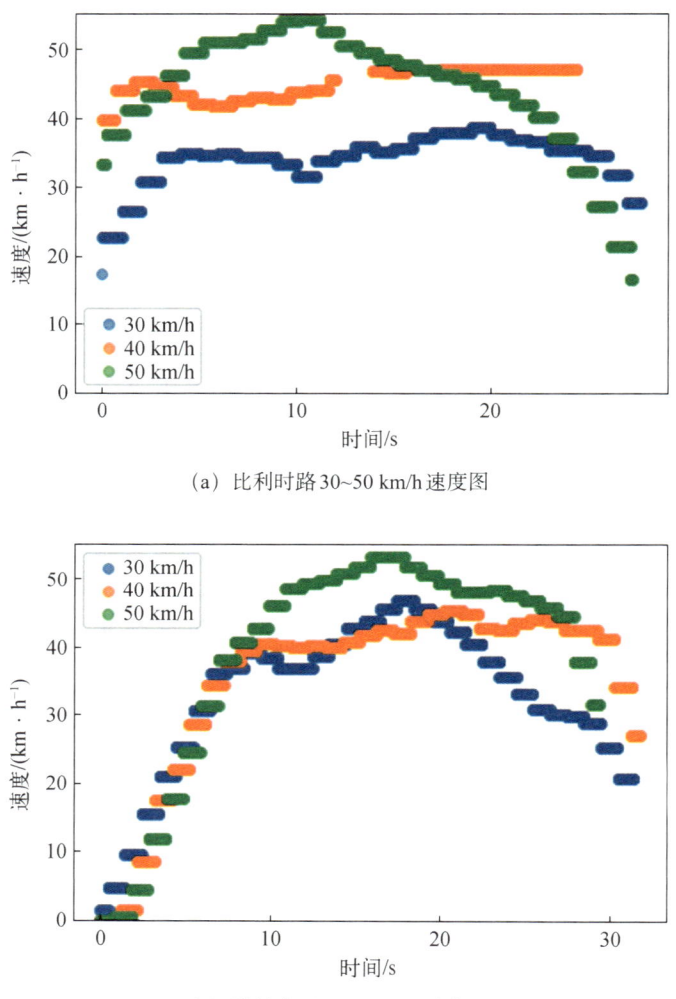

(a) 比利时路 30~50 km/h 速度图

(b) 搓板路面 30~50 km/h 速度图

图 5-11 自由行驶 30~50 km/h 速度图

驾驶员行驶过后对于舒适度的排序见图 5-12，70% 以上的驾驶员都认为，当驾驶速度为 30 km/h 时，舒适度较差，而速度快时，舒适度较高。

对采集到的加速度信号 $a(t)$ 进行提取，利用上文提到的滤波网络法计算得出加权加速度均方根值 a_w。再对总加权振级 L_{aw} 进行计算，得出人对车辆运行过程中振动反应的主观感受，数值如表 5-2 所列。

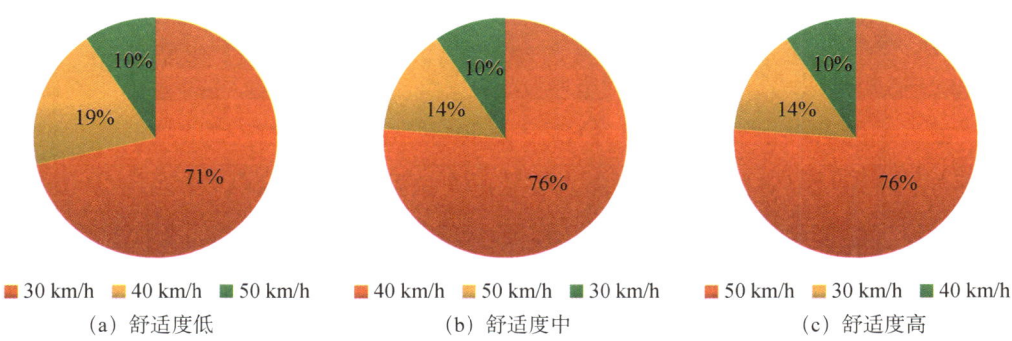

(a) 舒适度低　　　　　(b) 舒适度中　　　　　(c) 舒适度高

图 5-12　比利时路面规定速度下舒适度排序

表 5-2　　　　　　　比利时路面上以不同速度行驶下的平顺性评价

速度/(km·h^{-1})	10	20	30	40	50
加权加速度均方根值 a_w	0.17	0.31	0.34	0.37	0.71
总加权振级 L_{aw}	104.53	109.79	110.60	111.30	117.08
人的主观感受	没有不舒适	没有不舒适	有些不舒适	有些不舒适	相当不舒适

由表 5-2 可知，随着速度的增加，加权加速度均方根值 a_w 也在逐渐增加，经过分析发现，当速度提升时，车辆行驶在不平整路面的振动反馈较强，导致加权加速度均方根值 a_w 提升，无论是安全性和舒适性都会受到影响。驾驶员在试验中极度不平整的路面上行驶，表现为不断减速或加速的驾驶行为。

5.2.2　驾驶模拟试验及问卷调查

1. 试验目的

1) 驾驶模拟试验

通过进行差异化基础设施运行状态下的模拟驾驶试验，以研究道路设施服役性能状态对车道间通行能力变化以及驾驶员的驾驶行为特征（如变道、减速等）的影响。

2) 问卷调查

本次问卷调查主要分析在通勤和非通勤两种不同出行目的情况下，驾驶员路径选择行为受到基础设施服役状态的影响程度。结合驾驶模拟试验和问卷调查，以研究道路设施服役性能状态和通行能力的关系，为后期仿真模型提供特定场景下的参数标定方法。

2. 试验设计

1) 驾驶模拟试验设计

根据高速公路的实际运营养护情况调研，设置4个驾驶模拟试验场景，包括两部分：路面状况对比组和养护施工导致的车道数减少对比组。路面状况的设计主要选择了破损和修补这两种路面病害破损类型，参照《公路状况技术评定标准》(JTG 5210—2018) 中规定的权重组合，结合实际养护运营中路面进行养护维修的限值 $PCI=85$ 分，以此来组合场景。

(1) 路面状况对比组。

场景一：路面整体状况（中），左右车道 DR 差值（大），交通状况（畅通），如图5-13所示。左侧车道路面破损率 DR 的值为0.8%，而右侧车道（原车道）路面破损率 DR 的值为1.4%，保证平均值在1.1%的同时，尽量在视觉上使得两侧破损率存在较大差异，且破损、修补集中在轮迹带附近。

图5-13 场景一屏幕截图

场景二：路面整体状况（差），左右车道 DR 差值（小），交通状况（畅通）。两侧车道路面破损率 DR 的值分别为1.9%和2.1%，差异不明显，且破损、修补集中在轮迹带附近。

(2) 养护施工导致的车道数减少对比组。

场景三：养护施工致使车道数减少（畅通），如图5-14所示。公路养护时若出现施工作业区，车道就会被占用从而导致车道数减少，进而对运行车辆产生干扰。此处将交通状况设置为畅通。

场景四：养护施工作业致使车道数减少（拥堵）。公路养护时若出现施工作业

图5-14 场景三屏幕截图

区，车道就会被占用从而导致车道数减少，因而对运行车辆产生干扰。此处将交通状况设置为拥堵。

2）调查问卷内容设计

第一部分是进行基本信息的填写（如性别、年龄、驾龄和职业等）。

第二部分在未对出行其他因素进行约束的条件下，受访者对于路径选择的各个影响因素（如行驶时间、行驶距离、油耗费用和驾驶舒适度等）重要程度进行初始选择，以用于分析受访者主观对路径选择行为各个影响因素在选择时的所占比重，比重最大值为10，最小值为1，比重越高代表越重视该因素，无初始限定条件，完全基于受访者日常驾车时的路径选择行为习惯。

第三部分对出行目的进行一定约束，对于通勤出行（工作/学习）和非通勤出行（出游/娱乐）分别进行目的预设，以调查不同出行目的下，路径选择行为受到道路基础设施服役状态的影响程度。道路基础设施服役状态设置为路面状况对比组和养护施工导致的车道数减少对比组，共细分为4个道路状况不佳的场景，针对这些场景，受访者考虑是否更换路线方案前往目的地，并选出替换原始路径的路线方案。

为了使受访者对路径选择能有更真实的回答，将问卷调查融入到模拟驾驶试验中，在每个驾驶模拟场景结束后，要求其填写问卷中相应场景部分的内容，以确保受访者对不同场景有充分的了解。

3. 试验过程

试验在驾驶模拟舱内进行，除了驾驶模拟舱的模拟车辆及数据处理系统外，没有使用其他技术性设备。为保证试验调查的准确性，对不同年龄、不同驾龄及不同性别的驾驶员进行试验和问卷调查，共50人参与驾驶模拟试验。在试验开始前给受访者发放问卷，进行第一和第二部分的填写。填写完成后进入试验，按顺序进行场景一至场景四的驾驶模拟试验，并在每个场景结束后稍作休息，让驾驶员填写问卷中相应场景的部分内容。试验过程中记录驾驶员的驾驶行为，以便分析不同道路设施服役性能状态对交通行为的影响，即在试验过程中分别观察和记录驾驶员是否存在刹车、变换车道等行为。

4. 驾驶模拟试验中的驾驶行为分析

驾驶模拟试验过程中驾驶员驾驶行为的统计次数见表5-3。

表5-3　　　　　　　　　驾驶员驾驶行为统计（百分比）表

驾驶行为	场景一	场景二	场景三	场景四
有意减速	0（0%）	0（0%）	5（10%）	25（50%）
变换车道	50（100%）	5（10%）	2（4%）	5（10%）
变换车道后返回至原车道（30 s内）	0（0%）	0（0%）	8（16%）	17（34%）

注："变换车道"统计值，在场景一和场景二中为路况差的车道变换到路况相对好的车道的人次，在场景三和场景四中为驾驶通过车道压缩路段后，变道返回到超车道的人次（该项中不统计超车人次，即不统计30 s内又从超车道返回至原车道的人次）。

1）路面状况对比组（场景一和场景二）

场景一路面整体状况为中，两个车道破损率存在较大差异；场景二路面整体状况为差，两个车道差异不明显。由表5-3的统计结果可知，场景一全部的驾驶员都在试验开始后的1 min内进行了变道操作，由右侧车道变至左侧车道，并一直持续至试验结束；而场景二仅有5位驾驶员在试验中进行了变道操作，由右侧车道变至左侧车道，并一直持续至试验结束。

分析这种差异性可知：当一侧车道出现路面情况较差，且与另一侧路面差异显著时，会导致车流向路面状况较好的一侧集中，从而造成近似于车道数减少的效果，可能会导致单侧车道车流量增大，且增大幅度与两侧 DR 值之差存在一定的相关性。

2）养护施工导致的车道数减少对比组（场景三和场景四）

在养护施工导致车道数减少的情况下，场景三和场景四将交通状况分别设置为畅通和拥堵。由表5-3的统计结果可知，场景三中有5位驾驶员在试验中进行了减速操作，有2位驾驶员变换了车道，有8位驾驶员在超越前车后重新返回了原车道；而场景四中全部参与测试的驾驶员在试验中都进行了减速操作，5位驾驶员了变换车道，17位驾驶员在超越前车后，重新返回了原车道。

据此分析，当施工养护导致车道数减少情况下，车辆速度会受到影响，行程平均速度会降低，影响道路的通行能力。同时，由于拥堵和驾驶空间减少，驾驶员会产生焦急心理。在驾驶员获取到前方存在养护区且估计自身未到达养护警告区位置前，会提速超越前车，向车辆队列最前端行驶，以免自身行驶受到影响。因此会在养护终止区迅速提速，变换车道，超越前车。

5. 基于问卷调查的路径选择倾向性分析

1）Cronbach信度分析

对问卷的信度进行评价，信度分析用于测量样本回答结果是否可靠，即样本有没有真实作答量表类题项。在进行信度分析时，最核心的指标值为整体克龙巴赫信度系数（Cronbach's α 系数值，下同），如果α值在0.8以上，则该测验或量表的信度非常好；α在0.7以上都是可以接受；如果α值在0.6以上，则该量表应进行修订，但仍不失其价值；如果α值低于0.6，量表就需要重新设计题项。表5-4是对于出勤维度和非出勤研究维度进行的Cronbach信度分析，结果表明信度系数值均大于0.8，说明所研究数据的信度质量高。

表 5-4　Cronbach 信度分析

项数	样本量	出勤维度Cronbach's α系数值	非出勤维度Cronbach's α系数值
33	50	0.856	0.888

2）路径选择因素权重调查

此次问卷调查了受访者主观认为对路径选择行为各个影响因素在选择时所占比重。其中，比重最大值为10，最小值为1，比重越高代表越重视该因素，无初始限定条件，完全基于受访者日常驾车时的路径选择行为习惯。调查结果如图5-15和表5-5所示。

由图5-15和表5-5可知，多数受访者对于行驶时间、行驶距离和驾驶舒适度（拥堵）比较在意，只有少数人会重视驾驶舒适度（颠簸），这与理论的出行模型主要影响因素也较为一致。

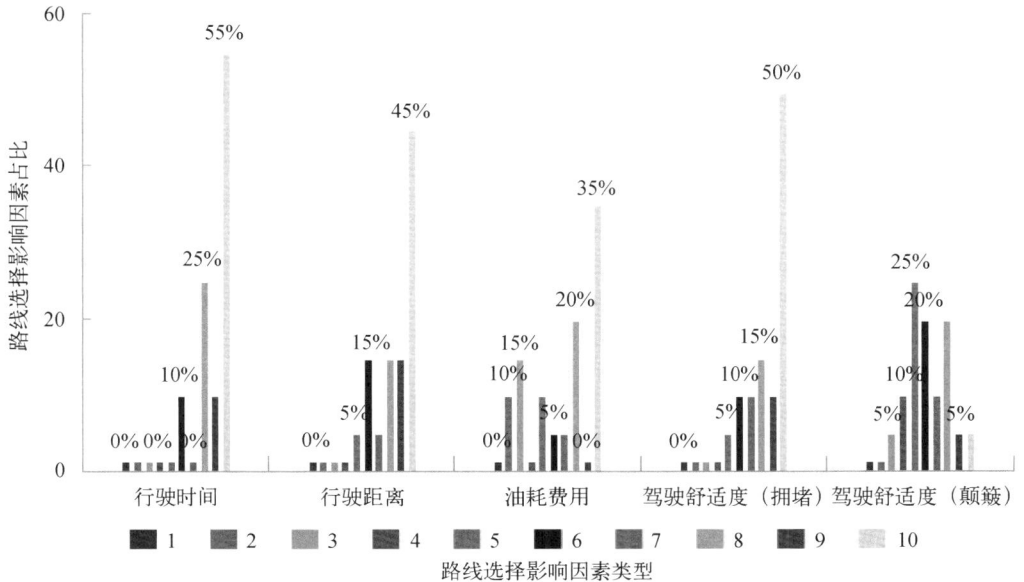

图 5-15　路径选择因素权重

表5-5 路径选择因素权重基本信息分析

因　素	样本量	最小值	最大值	平均值	标准差	中位数
行驶时间	50	6.000	10.000	9.000	1.338	10.000
行驶距离	50	6.000	10.000	8.700	1.490	9.000
油耗费用	50	2.000	10.000	6.650	2.961	7.500
驾驶舒适度（拥堵）	50	5.000	10.000	8.650	1.663	9.500
驾驶舒适度（颠簸）	50	3.000	10.000	6.300	1.809	6.000

结果表明，超过一半的人都将行驶时间作为最重要的评价因素，驾驶舒适度（拥堵）作为第二主要的评价因素，但由于拥堵会直接增加行驶时间，故选项上存在一定的相关性，根据皮尔逊（Pearson）相关性分析，驾驶舒适度（拥堵）和行驶时间之间的相关系数值为0.556，并且呈现出0.05水平的显著性，说明驾驶舒适度（拥堵）和行驶时间之间有着显著的正相关关系。

对于驾驶舒适度（颠簸），科尔莫戈罗夫·斯米尔诺夫（Kolmogorov-Smirnov）检验结果，p值$=0.469$，且峰度绝对值小于10且偏度绝对值小于3，基本可接受为正态分布。分析认为，一方面，驾驶员对于受到颠簸影响的舒适度重视程度一般，在通常情况下，不会因为较为轻微的颠簸就更换路径，但也会因为较为剧烈的颠簸进行路径重新选择；另一方面，驾驶员无法对首次遇到的驾驶舒适度（颠簸）有一个较为清晰且具体的认识，因而会趋向于选择一个中间值，给予后面选择变动的空间。

该问卷调查后续又对驾驶员进行了权重测试，以确认上述结果的有效性。给予驾驶员四条道路，分别考虑通勤出行和非通勤出行的路径选择，设置方案见表5-6。

表5-6 路线方案设置

路线方案	行程时间/min	行程距离/km	油耗费用/元
路线一（强调时间）	37	29	18~26
路线二（强调距离）	42	27	16~27
路线三（强调油耗）	45	25	13~22
路线四（设置对照）	45	31	22~31

路线选择结果见表5-7，与上文初始权重调查情况基本一致。

表5-7　　　　　　　　　　　路线选择结果

路线方案	通勤出行	非通勤出行
路线一	95%	85%
路线二	5%	10%
路线三	—	5%
路线四	—	—

3）通勤目的下受道路基础设施影响的路径选择行为

在获取受访者的出行路径选择初始权重后，调查通勤出行目的的路径选择行为受到基础设施影响程度的差异情况。不同场景下通勤目的路径选择比例结果见图5-16。

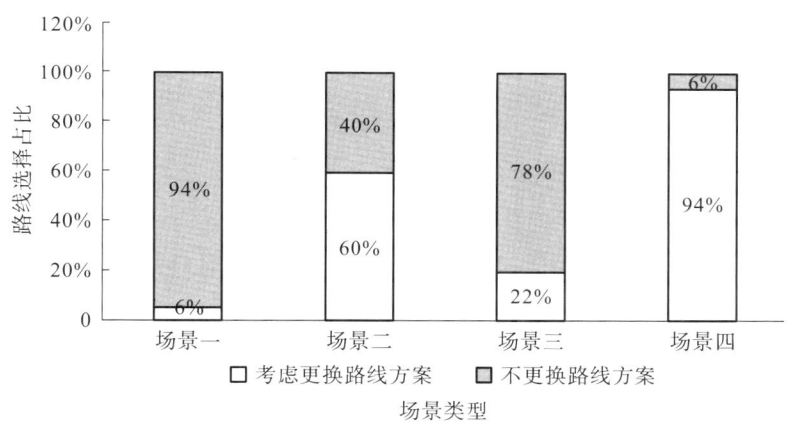

图5-16　通勤目的路径选择比例

(1) 路面状况对比组（场景一和场景二）。

场景一和场景二的路面状况分别是中和差，交通状况均为畅通。表5-8显示了两个场景的路径选择与初始权重相关性分析。

表5-8　　　　　路面状况对比组路径选择与初始权重相关性分析

		场景一	场景二
驾驶舒适度（颠簸）	相关系数	−0.510	0.118
	p值	0.021	0.621

场景一中选择更换路线方案的受访者，在初始权重选择时，其驾驶舒适度（颠簸）比重大于等于8，据表5-8可知，受访者是否更改路线的选择和驾驶舒适度

（颠簸）的权重之间有着显著的负相关关系，即权重越高，越会选择更换路径。这与初始选择一致。

而场景二中选择更换路线方案的受访者，在初始权重选择时，其驾驶舒适度（颠簸）比重区间较大，选择不更换路线方案的受访者，其权重均小于等于8，且受访者是否更改路线的选择和驾驶舒适度（颠簸）的权重之间基本无相关性。

（2）养护施工导致的车道数减少对比组（场景三和场景四）。

在养护施工致使车道数减少的情况下，场景三和场景四的交通状况分别是畅通和拥堵。

①场景三中，大多数人不愿意进行路线更换。当道路行驶通畅、车流量较少时，在以通勤为目的的出行过程中，如果车辆能够较为迅速地到达目的地，多数驾驶员还是会以快速到达目的地作为主要目的，驾驶空间的减少不会使驾驶员重新对路径进行规划，养护施工致使车道数减少并不会显著增强驾驶员更换路径的倾向性。

②场景四中，绝大多数受访者对于拥堵情况都有更换路线的想法，由于拥堵可能会导致车辆平均速度降低，直接增加行程时间，随着时间的推移，该路径上的车流量会由于多数驾驶员的路径更换而有所降低，最终达到平衡。

③将场景三和场景四进行交叉分析。当面对场景四的情况时，如表5-9所列，在场景三不愿意更换路线的人中有92.31%的受访者对于拥堵状况做出路径改变的选择，其中80%的人对于驾驶舒适度（拥堵）的权重大于8，均不更换路径的人对于拥堵的权重为5，受访者职业为货车司机，其在通勤条件下，对于出行时间和油耗费用更为看重，对于驾驶舒适度的权重均低于平均水平，考虑到职业，其权重具有一定的特殊性。

表5-9　　　　　　　通勤条件下场景三和场景四的关联关系

题目	名称	场景三：养护施工致使车道数减少（畅通）		总计
		考虑换路线方案	不更换路线方案	
场景四：养护施工致使车道数减少（拥堵）	考虑换路线方案	11（100.00%）	36（92.31%）	47（94.00%）
	不更换路线方案	0（0.00）	3（7.69%）	3（6.00%）
总　计		10	11	39

不难发现，在养护施工致使车道数减少诱发拥堵的状态下，绝大多数驾驶员更换了想法，即通勤条件下，驾驶员更加注重行程时间，所有可能会影响预计行

程时间的因素都会占较大的路径选择行为权重，并直接影响驾驶员的判断。同时，多数驾驶员会选择避开拥堵路段，路网内多条路径流量进行重新分配后，达到一个新的平衡。

4）非通勤目的下受道路基础设施影响的路径选择行为

调查非通勤出行目的下路径选择行为受到基础设施影响程度的差异。不同场景下非通勤目的路径选择比例结果见图5-17。

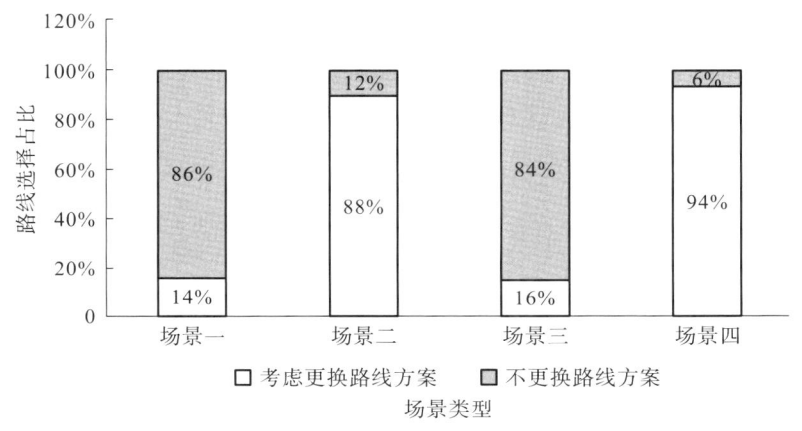

图5-17 非通勤目的路径选择比例

（1）路面状况对比组（场景一和场景二）。

场景一和场景二的路面状况分别是中和差，交通状况均为畅通。

①场景一中，通过表5-10可以看出，对多数驾驶员而言，非通勤相比通勤出行，驾驶舒适度对路径选择影响程度有所提高，但多数人在非通勤出行时，对于路线的舒适度要求不高，对于一般的路面破损，正常范围内的颠簸都可以接受，不会因此更换路线。

表5-10 不同出行目的受道路基础设施状态一般影响下的关联关系

题目	名称	通勤场景一：路面状况（中），交通状况（畅通）		总计
		考虑换路线方案	不改变路线方案	
非通勤场景一：路面状况（中），交通状况（畅通）	考虑换路线方案	0（0.00）	7（14.89%）	7（14.00%）
	不改变路线方案	3（100.00%）	40（85.11%）	43（86.00%）
总　计		3	47	50

②场景二中，从表5-11可以看出，对多数驾驶员而言，非通勤相比通勤出行，驾驶舒适度对路径选择影响程度有所提高，在路面状况不佳时，则更为明显。其中原本不考虑更换路线的人中，有85%的受访者因为出行目的的改变而更换了路线，且多数人当非通勤出行的不舒适感达到一定量级时，也会采取更换路径的行为。

表5-11　不同出行目的受道路基础设施状态不佳影响下的关联关系

题目	名称	通勤目的场景二：路面情况（差），交通状况（畅通）		总计
		考虑换路线方案	不更换路线方案	
非通勤目的场景二：路面情况（差），交通状况（畅通）	考虑换路线方案	27（90.00%）	17（85.00%）	44（88.00%）
	不更换路线方案	3（10.00%）	3（15.00%）	6（12.00%）
总　计		30	20	50

（2）养护施工导致的车道数减少对比组（场景三和场景四）。

在养护施工致使车道数减少的情况下，场景三和场景四的交通状况分别是畅通和拥堵。

①场景三中，非通勤出行考虑更换路线方案的受访者比例相较于通勤出行考虑更换路线方案的受访者比例有所下降，分析是考虑到路线通畅，多数人不会因为驾驶空间的减少而进行路径的更换。与通勤出行一样，养护施工致使车道数减少并不会显著提高非通勤驾驶员更换路径的倾向性。

②场景四中，与通勤出行相同，绝大多数非通勤受访者对于拥堵情况都有更换路线的想法。从表5-12可知，通勤目的场景四和非通勤目的场景四进行交叉分析时呈现出0.05水平的显著性（$\chi^2=4.488$，$p=0.034<0.05$），意味着二者有着差异关系。

表5-12　非通勤目的与通勤目的下车道数减少（拥堵）路径选择行为的关联关系

题目	名称	通勤目的试验场景四：养护施工致使车道数减少（拥堵）		总计	χ^2	p
		考虑换路线方案	不更换路线方案			
非通勤目的试验场景四：养护施工致使车道数减少（拥堵）	考虑换路线方案	47（100.00%）	0（0.00）	47（94.00%）	—	—
	不更换路线方案	0（0.00）	3（100.00%）	3（6.00%）	4.488	0.034
总　计		47	3	50	—	—

5.2.3 道路设施状态对路网交通影响特征

通过实车试验的客观评价和主观评价结果得到一个共同结论：在以上试验场景下，不同车速、不同路面平整度对汽车平顺性均有不同程度的影响，且具有一定规律，驾驶员会根据自己的舒适度情况来改变行驶速度。

通过驾驶模拟试验及问卷调查得到以下初步结论。

（1）道路设施服役性能状态衰变是通过两个方面来影响路径选择的：一方面，道路设施性能衰变导致行驶过程颠簸，使行驶舒适度降低，引起主观路径变更；另一方面，通过对道路通行能力的影响，间接影响了路径选择。根据问卷分析结果，可初步认为：在一定限值范围内的衰变，几乎不会直接影响主观路径选择，且限值远大于道路设施中小修的限值；施工养护引起的车道缩减，几乎不会直接影响主观路径的选择。

（2）基于驾驶模拟试验场景仿真，可以得到道路设施服役性能状态和通行能力的关系，并进行特定场景下的参数标定。

（3）在通勤和非通勤情况下，路径选择差异性明显需要区别对待。

在应用驾驶模拟试验进行参数标定的工作中，还有以下问题有待研究和解决：本次试验时间较短，未进行更全面的对照组试验，后期将增加典型的场景对照组，例如针对场景一和场景二，将增加交通状态为拥堵的试验场景；由于安全原因未进行具体情况的数据采集、分析和结论验证，应当结合实际交通数据与实车试验进行。场景重现和交通量试验值应该有统一的标准，以保证参数标定的准确率。

5.3 基于改进路段阻抗模型的路网交通流仿真模型

本章基于路网的结构特征提出了路网拓扑结构的表达和存储方法，通过路段阻抗模型将路网结构与交通流量联系起来，完成交通出行到路网流量的映射；引入通行能力折减系数，提出改进的路段阻抗模型，建立了道路设施服役性能状态与通行能力的关系。基于以上两点，构建出可以有效模拟路网基础设施服役性能状态和交通状态动态变化的路网交通仿真模型，为定量分析路网系统中道路设施状态服役性能和交通状态之间的相互影响关系提供了支持。

路网交通仿真模型包括路网描述模型、路段服役性能自预测模型、交通需求模型和路段阻抗模型，各类型模型的主要描述功能如下：

（1）路网描述模型是描述道路几何条件和道路网拓扑关系。

（2）路段服役性能自预测模型描述了道路设施服役性能衰变，采用数据驱动的路面使用性能预测模型。

（3）交通需求模型描述动态交通需求OD，采用实测交通数据反推OD，建立交通需求模块，文中不再赘述模型的具体算法。

（4）路段阻抗模型，引入通行能力折减系数，提出改进路段阻抗模型，建立道路设施服役性能状态与通行能力的关系。

5.3.1 改进的路段阻抗模型

提出通行能力折减系数，将其引入传统的路段阻抗模型，得到改进的路段阻抗模型，建立了道路基础设施性能衰变与通行能力的关系，为研究道路设施服役状态和交通状态之间的相互影响提供了支持。

通行能力 c_n 的影响因素主要包括道路几何特征、交通特征、交通控制条件和横向干扰等环境条件。通行能力折减是指道路设施自身服役性能状态的衰变引起通行能力的折减。从调研和试验结果可以看出，道路设施服役性能状态的衰变对通行能力的折减主要体现在两个方面：一方面，通过道路设施服役性能衰变对驾驶行为的影响，这里主要考虑对路段平均车速的影响；另一方面，当道路设施服役性能衰变达到某一限值时，采取的交通控制手段（如车道封闭等）对通行能力的影响。提出通行能力折减系数 R_i，按照式（5-7）计算：

$$R_i = \text{cap\_reduction}[b, S_i(Z, x_{n-1})] \tag{5-7}$$

式中　R_i——通行能力折减系数；

　　　S_i——道路设施服役性能状态；

　　　b——指标修正系数。

实践中最常用的传统路段阻抗模型为黄海军等在《城市交通网络平衡分析：理论与实践》一书中介绍的美国联邦公路局提出的计算模型，路段 n 的路段阻抗可以用式（5-8）计算：

$$t_n = t_n^0 \left[1 + \alpha \left(\frac{x_n}{c_n} \right)^\beta \right] \tag{5-8}$$

式中　t_n——路段的阻抗；

　　　t_n^0——路段交通流量为0时的路段的阻抗值；

x_n——路段上的流量；

c_n——路段的实际通行能力；

α，β——代表着不同路段的固有特性。

随着道路路网基础设施服役性能状态的衰变，修正系数α和β是随着时空变化的一组动态变量，这对实际标定造成了阻碍。

将通行能力折减系数R_i引入路段阻抗模型，得到改进的路段阻抗模型，如式(5-9)所示，在应用上解决了路网中路段对应的修正系数α和β动态变化的问题，理论上改进后的路段阻抗模型考虑了道路设施服役性能的影响，为研究道路设施服役状态和交通状态之间的相互影响提供了理论支持。

$$t_n = t_n^0 \left[1 + \alpha \left(\frac{x_n}{(R_i)c_n} \right)^\beta \right] \tag{5-9}$$

5.3.2 路网交通流仿真模型构建

路段阻抗模型仅考虑单个路段的通行状况，而不能反映路网中不同路段通行状况之间的相互影响。通过结合路网拓扑结构和路段阻抗模型，构建出路网交通流模型，交通仿真模型的构建思路如图5-18所示。可以在路网层次上考虑不同路段道路设施服役状态和交通状态之间的相互影响，从而为交通养护管理决策提供更为有效的支持。

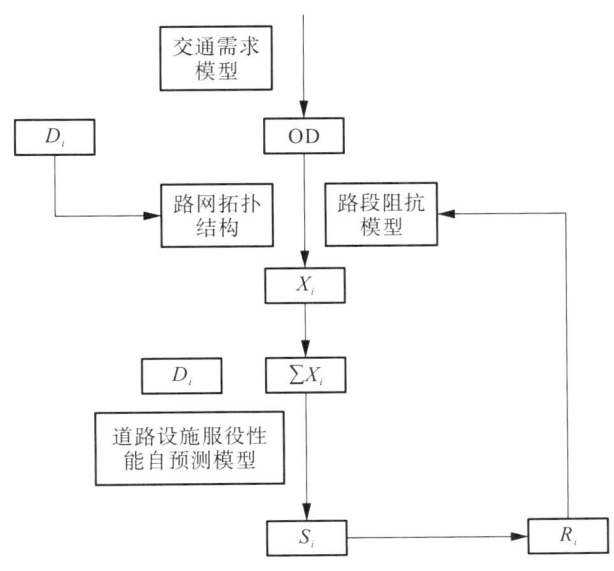

图5-18 交通仿真模型构建思路

路网模型采用稀疏矩阵来存储和表达。稀疏矩阵的值为路段属性 $Edge$，可按照式（5-10）计算：

$$Edge = \{StartID, EndID, D_i, t_n, R_i, x_n, S_i\} \tag{5-10}$$

式中　$Edge$——一条有向边；

　　　$StartID$——该各有向边的起始节点的 ID；

　　　$EndID$——该条有向边的终止节点的 ID，同时也是节点 Node 的值；

　　　D_i——道路的设计特性，包括路段弧长、设计速度、设计通行能力等；

　　　x_i——路段日均交通流量；

　　　R_i——通行能力折减系数；

　　　S_i——道路设施服役性能指标。

假定出行者能够准确地获得路况的全部信息，并选择出行概率最大的路径作为出行需求，并定义为最优路径。将路网交通流量的映射问题转化为加权交通路网上的最优路径查找问题，权值为路段阻抗 t_i。由此提出最优路径算法，初始化路网整体信息，将交通出行需求映射到路网模型中，形成路网流量 x_i。

另外，道路设施服役性状态是一个长期缓慢衰变的变量，在交通出行需求映射到路网模型中，并形成路网流量 x_i 的基础上，通过累积流量对道路设施服役性能产生的影响，修正了道路设施自进化预测模型，得出下一时段的 S_i 和 R_i，通过通行能力折减系数，反作用于下一次交通出行需求路网流量的映射过程，构成了一个动态闭环系统。

5.3.3　路网交通流仿真算法实现

根据上文的路网交通仿真模型，利用 MATLAB 软件在流量相关的路网拓扑结构仿真模型的基础上，实现了一个完整的路网交通流仿真。通过仿真试验，对路网设施服役性能状态变化所引起的交通重分配进行了分析和讨论。为了简化仿真模型构建，在这一部分，仅考虑固定路网交通需求和固定道路设施服役性能状态的场景，没有根据交通需求动态生成交通流，也没有根据重新分配的交通流修正道路设施自进化预测模型。仿真的实现主要解决了两个方面的内容：路网拓扑结构的生成和基于道路设施服役性能状态的路网交通分配。

已有研究表明，高速公路交通路网结构用有向图表示时呈现出稀疏矩阵的特性，本章采用稀疏矩阵的结构实现了路网拓扑结构。路网拓扑结构包括两种重要结构：交通节点和路段。节点为高速公路中的出入口和交叉口，节点的连通性采用二维矩阵的形式存入Excel表格中，并利用MATLAB软件中的isnan()函数提取非零元素的行号和列号，作为路段*Edge*的*StartID*和*EndID*进行存储。完成后提示用户输入路网基础数据，包括路段弧长*distance*，设计通行能力cap_d，设计速度v_d，已知*PCI*值以及路网内路段通车建成时间等。完成节点信息和有向边信息的存储后，利用变量*StartID*和*EndID*以及*distance*构建稀疏矩阵，生成并显示路网拓扑结构，如图5-19所示。在仿真程序中，拓扑结构生成算法作为一个独立的模块实现，以便新的拓扑结构的扩展。

仿真试验中，将高速路网出入口OD交通量作为原始输入，利用路网基础数据及道路设施服役性能状态指标确定每条边的阻抗值t_n，利用MATLAB软件自带的最短路工具箱，提取最短路径信息，反向装载路段流量，采用Excel接口进行仿真结果的存储和导入，分析道路设施服役性能状态对路网交通流重分配的影响。仿真结果与实测的路段交通量进行比较，完成精度验证。

本节构建了可以有效模拟路网基础设施服役性能状态和交通状态动态变化的路网交通仿真模型。考虑固定路网交通需求和固定道路设施服役性能状态的场景，在MATLAB软件上实现了一个完整的路网交通流仿真系统，并利用驾驶模拟试验进行参数标定，进行仿真试验。对路网拓扑结构和路网设施服役性能状态等因素对路网交通状态的影响进行仿真分析，以验证模型的有效性。仿真结果显示：在相同的交通流量下，路网服役性能状态的变化会使路网交通量发生不同程度的转移。在运营养护管理过程中，要重视道路设施服役性能的状态对交通流重分配的影响，使路网服役性能状态维持在一个合理的状态，从而最大程度地发挥路网的通行能力。

5.4 面向设施性能和交通状态耦合分析的路网动态交通仿真系统

在路网交通仿真模型的基础上，采用离散事件仿真的方法实现仿真系统，模拟道路路网基础设施服役性能状态和交通状态的动态演进过程。本章所采用的是MATLAB软件中的Simulink组件来完成对离散事件系统的仿真，利用前期收集到的路网基础数据初始化仿真模型，设定仿真时间片驱动并运行仿真模型以进行仿真试验。

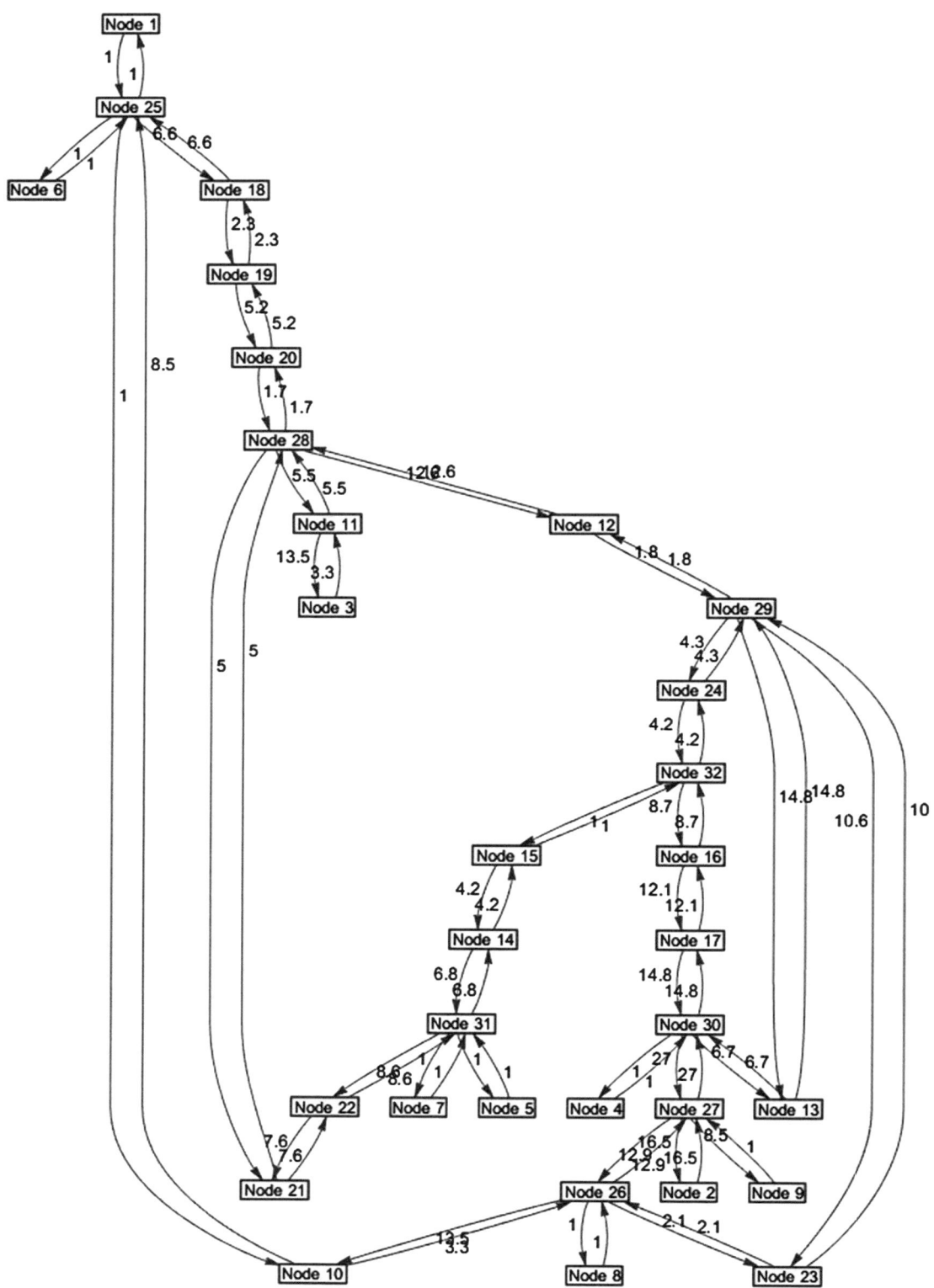

图 5-19 路网拓扑结构

5.4.1 大规模示范路网数据

路网数据主要来自开放街道地图（Open Street Map，OSM）数据。OSM在城市道路的空间属性方面具备较高的数据质量，能满足研究需求。本次所使用的数据主要来自地图网站GEOFABRIK（http://www.geofabrik.de/），该网站提供每日更新的OSM数据下载服务，本次数据收集的时间为2020年4月5日至2020年4月15日。

对于示范路网为10 000 km^{2}范围内的都市高速路网，OSM对高等级道路的绘制过于精细，其一般会被表达为并行的多个车道线，这会因为数据冗余对路网拓扑结构构建及存储造成障碍，故而有必要对OSM的原始数据做一定程度的简化，简化后的上海市高速路网如图5-20所示。采用一种基于限定约束性德洛奈（Delaunay）三角剖分的路网简化方法，通过融合－剖分－提取的步骤，编写相应的Python语言脚本进而实现路网简化；再对路网的伪节点、悬挂点等情况进行数据预处理、数据筛选和格式转换。设置数据源为MapData，数据读入完毕后将给用户提示信息，即提示用户对区域内路段的其他属性进行输入，例如设计通行能力、设计速度等，点击菜单中的获取道路信息按钮，即可将道路其他补充属性数据存储到MapData。获得的道路信息为路网模型构建提供了基础数据。

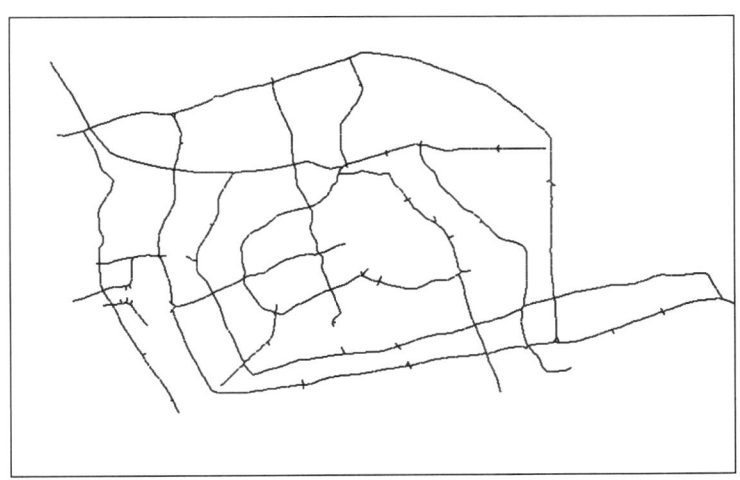

图5-20　简化后的上海市高速路网示意

5.4.2 路网交通仿真系统总体框架

不同于前文所述，在本节的仿真系统中，路网条件下的道路设施服役性能状态和交通需求并非是固定不变的，而是通过设置固定的时间片循环执行单步仿真，在通用PC平台上采用MATLAB软件和数据库来实现面向道路路网基础设施服役性能状态和交通状态耦合分析的动态仿真。采用此方式的优点在于可在仿真进程中，按照任意设定的周期读取输入参数并执行仿真，在保持仿真精度的前提下，可以避免很多不必要的计算操作，从而节省计算资源，提高系统的仿真执行效率。

系统主要包括四个部分：主程序、路网模块、交通需求模块和数据库。仿真系统实现构架如图5-21所示。主程序基于离散事件仿真方法，按固定步长和离散事件相结合的方法驱动仿真系统工作。路网仿真系统设置了两个互相影响的循环执行单步仿真，系统中交通流状态参数和服役性能状态参数互为输入、输出参数。一方面，出行需求估计模块根据出行需求输入，采用基于重力模型的OD矩阵估计算法计算出交通出行需求矩阵，并随着仿真时间变化，定点驱动出行需求模块，更新出行需求矩阵；另一方面，路网仿真模块从路段服役性能自预测模型中接收路网服役性能状态信息，并根据改进后的路段阻抗模型来更新路段阻抗信息，将交通出行需求信息映射到路网模块中的路段；在完成路网流量更新以后，还会激活路段服役性能自预测模型，以更新路段服役性能状态矩阵，从而形成动态闭环。通过对路网模块的边信息状态进行统计，从中可以获得路网中交通流量和道路设施状态的信息，形成路网交通仿真结果。

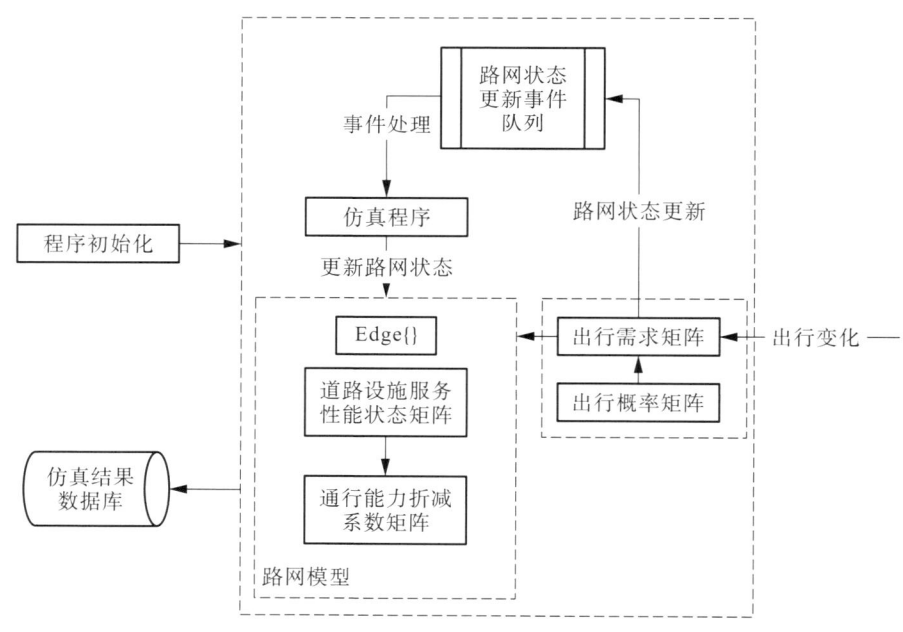

图5-21 路网仿真系统总体构架

5.4.3 路网交通仿真系统性能测试

为了完善面向道路设施状态和交通状态耦合分析的动态交通仿真系统,且满足干线路网仿真规模不小于 10 000 km² 的需求,我们进行了仿真系统性能测试,测试环境的硬件和软件配置见表 5-13 和表 5-14。

表 5-13 测试环境硬件配置

设备名称	配置	数量	单位	备注
PC 客户机	Intel(R) Core(TM)i5-7200U CPU @2.50GHz 2.71GHz	1	台	华硕

表 5-14 测试环境软件配置

软件名称	版本	类型
操作系统	Windows 10 家庭中文版	64 位操作系统
MATLAB	MATLAB R2014b	—
Excel	Excel 2016	—

为了更清晰地描述仿真系统的实际运行性能,我们结合实际路网出入口密度,选定了一个具有 (10 × 10) 个节点(出入口)的路网模型进行仿真试验,如图 5-22 所示。根据交通网络的一般特性,考虑路段最多的极端情况,且路段均为双向路段。双向路段中双方向的路况近似相同,在实际应用中,同一路段不同方向的路况也可以不同。

仿真开始时,做以下设定:

(1) 随机生成对角线为零,大小为 100 × 100 的矩阵,作为初始 OD 矩阵;

(2) 路网中节点间距 $d = 10$ km;

(3) 路段设计速度为 100 km/h,设计通行能力为 2 000 辆/h;

(4) 阻抗模型中 $a = 0.5$, $\beta = 4$;

(5) 交通需求模型中 $a = 0.2$;

(6) 道路设施服役性能状态和通行能力关系函数的参数:$thita1 = 1$,$thita2 = 1.05$,$thita3 = 0.5$。

仿真时间的设定及输入如下:

(1) 请输入路网内路段最早通车时间(单位:年):2009;

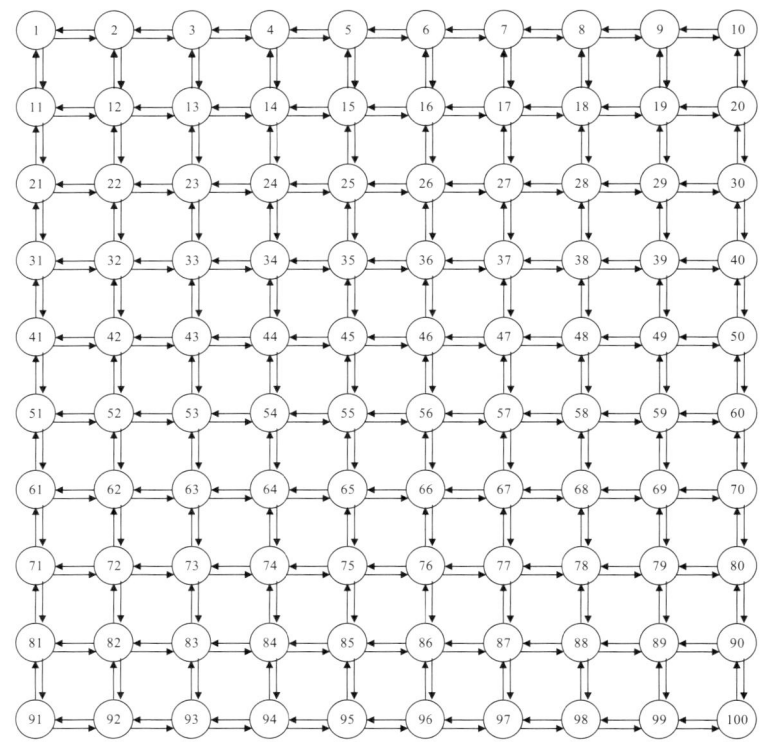

图 5-22 （10×10）个节点典型路网结构

（2）请输入历史 PCI 数据开始时间节点（单位：年）：2015；

（3）请输入最新 PCI 数据结束时间节点（单位：年）：2019；

（4）请输入历史最早流量数据对应时间（单位：年）：2013；

（5）请输入仿真结束时间（单位：年）：2020。

设定 PCI 实测数据，完成仿真场景初始化。我们可以根据道路设施服役状态的变化，动态模拟路网流量和路段阻抗的变化，从而进行仿真试验。

利用 MATLAB 软件自带的探查器得到的测试结果见图 5-23，完成整个仿真运行的时间为 416.078 s。最终，本次性能测试顺利通过：仿真设定的路网范围满足干线路网规模不小于 10 000 km^2，仿真时间设定为 5 年，仿真在 8 min 内完成，系统稳定性良好。

本节在路网交通仿真模型的基础上，提供了路网数据提取和简化的方法，完成了路网模块。在路网模块上，采用循环执行单步仿真的方法，完成了面向道路设施状态和交通状态耦合分析动态路网交通流仿真系统。该仿真系统可以完成干线路网仿真规模不小于 10 000 km^2 的测试，为道路设施服役性能衰变与交通流耦合分析提供了可靠的仿真工具。

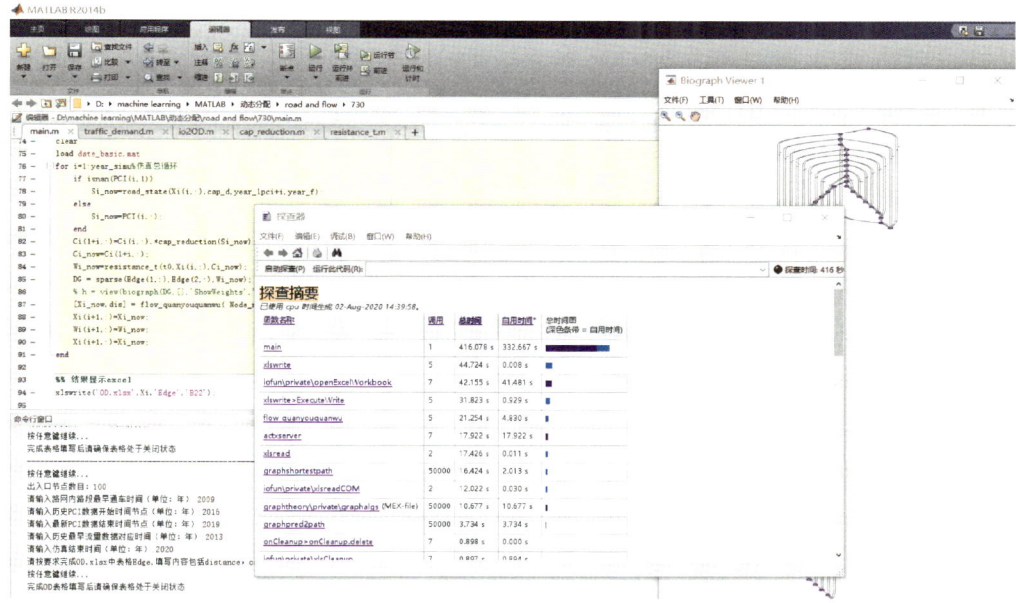

图 5-23 仿真系统运行及计时结果

6 道路路网基础设施运行状态评估方法

6.1 道路路网基础设施运行状态评估的基本原理

区域/跨区域道路路网包含路、桥、隧、边坡等多类、多个基础设施。对区域/跨区域道路路网基础设施的运行状态评估与态势分析,既建立在对路网内每个单体道路基础设施的服役性能评价和衰变趋势预测的基础上;又需要针对多类、多个基础设施复杂组网条件,研究从单体道路基础设施性能到路网层级综合状态的理论分析方法。

路网内各类道路基础设施作为一个协同运作的整体来共同承担路网交通流动的服务功能,而针对各类、各个基础设施的性能评价和态势预测却是彼此独立且割裂的。因此,需要对不同类别和属性的道路基础设施分配相应的权重,从而整合路网内的各类、各个道路基础设施,以便评估分析道路路网基础设施的整体运行状态和态势。一方面,在路网规划与道路基础设施设计阶段,不同类别的道路基础设施被赋予不同的属性,如道路等级、设计速度和车道数等,这些决定了其在路网中承担的作用和重要性,因此可以根据道路基础设施自身的静态固有属性来分配权重;另一方面,在路网运行和基础设施服役阶段,某一单体基础设施对路网整体的重要程度通过其在路网中发挥的作用直接体现,因此可以根据单体基础设施性能衰变或功能失效对路网整体交通运行状况的动态影响程度来分配权重。结合两种赋权方法可以提高对路网内部各类、各个基础设施权重分配的合理性和客观性,从而科学地开展路网基础设施运行状态评估与态势分析。

6.2 基于道路基础设施固有属性的赋权方法

6.2.1 灰色模糊聚类与赋权方法

道路基础设施的固有属性基本决定了其对于路网的重要程度，包括：道路等级、设计速度、车道数、车道宽度、路段长度、接入道路数量、交叉口数量和AADT等。考虑到道路基础设施服役性能和工作状态的波动性、模糊性，通过灰色理论-模糊聚类方法对其进行等级划分，根据不同的等级分别赋予相应的权重。灰色理论是研究信息部分清楚、部分不清楚并带有不确定性的一种应用数学方法，对于道路基础设施而言，不同的固有属性意味着其在路网中的重要性不同，但重要程度的具体大小难以定量表征，因此在属性上具有"灰色"特征。模糊聚类是基于模糊数学原理的一种聚类方法，对于道路基础设施的属性而言，其概念界定具有主观性，且根据所承担交通量的大小、接入路网的长度等难以进行明确的划分，因此在类别上具有"模糊"特征。

6.2.2 建立原始属性矩阵

对于待评估路网的 m 个道路基础设施，记为聚类论域 $S=(S_1, S_2, \cdots, S_m)$；对于道路基础设施 n 个属性的指标集，记为 $C=(C_1, C_2, \cdots, C_n)$，从而得到道路路网基础设施的原始属性矩阵如下：

$$Y_{m \times n} = \begin{bmatrix} Y_1 \\ Y_2 \\ \vdots \\ Y_m \end{bmatrix} = \begin{bmatrix} y_{11} & y_{12} & \cdots & y_{1n} \\ y_{21} & y_{22} & \cdots & y_{2n} \\ \vdots & \vdots & & \vdots \\ y_{m1} & y_{m2} & \cdots & y_{mn} \end{bmatrix} \tag{6-1}$$

式中，$Y_i=(y_{i1}, y_{2i}, \cdots, y_{in})$ 代表路网内第 i 个基础设施的各项属性指标集合。

6.2.3 数据标准处理

考虑到道路路网基础设施各项属性的量纲、单位和范围不同，为消除不同属性间不可公度性的影响，保证各属性指标间相同因素的可比性，就需要对原始属性矩阵中的数据进行量纲标准化处理。将路网基础设施的各项属性指标均转化为优性参量（数值越大，表明越重要），例如对于道路等级：快速路-主干路-次干路-支路，分别赋值4-3-2-1；对于AADT，则其越大就表明在路网中越重要，可按照实际数据取值。对各项属性的原始数据作归一化处理具体如下：

$$x_{ij} = \frac{(y_{ij} - \min_{1<i<m} y_{ij})}{(\max_{1<i<m} y_{ij} - \min_{1<i<m} y_{ij})} \quad (6-2)$$

式中，x_{ij} 为路网内第 i 个基础设施的第 j 项属性指标归一化后的数据。从而得到归一化后的路网基础设施属性矩阵 X 如下：

$$X_{m \times n} = \begin{bmatrix} X_1 \\ X_2 \\ \vdots \\ X_m \end{bmatrix} = \begin{bmatrix} x_{11} & x_{12} & \cdots & x_{1n} \\ x_{21} & x_{22} & \cdots & x_{2n} \\ \vdots & \vdots & & \vdots \\ x_{m1} & x_{m2} & \cdots & x_{mn} \end{bmatrix} \quad (6-3)$$

式中，$X_i = (x_{i1}, x_{i2}, \cdots, x_{in})$ 代表数据标准化处理后的路网内第 i 个基础设施的各项属性指标集合（属性序列）。

6.2.4 建立关联度集

根据路网基础设施的各项属性进行聚类，需要为聚类对象设定基本参照。设定基准序列 $X_0 = (x_{01}, x_{02}, \cdots, x_{0n})$，其中 $x_{0j} = \max_{1 \leq i \leq m} x_{ij}$，即 X_0 为路网内所有基础设施的各项属性指标的最优值集合。

对于各个基础设施的各项属性指标集合 $X_1, X_2, \cdots, X_m$，令 $R_{ij} = |x_{0j} - x_{ij}|$，则有关联系数 ξ_{ij} 计算如下：

$$\xi_{ij} = \frac{\min_i \min_j R_{ij} + u \cdot \max_i \max_j R_{ij}}{R_{ij} + u \cdot \max_i \max_j R_{ij}} \quad (i=1,2,\cdots,m; j=1,2,\cdots,n) \quad (6-4)$$

式中　ξ_{ij}——x_{ij} 与 x_{0j} 的相对差值，即关联系数；

u——分辨系数，取值范围为 $(0,1)$，u 越小则分辨能力越强，通常取 $u = 0.5$。

对于每个基础设施的 n 个关联系数 ξ_{ij} ($j = 1, 2, \cdots, n$)，均表示其属性序列 X_i 与基准序列 X_0 的关联程度，为综合表征二者之间的关联度，可以对 n 个关联系数取平均值，见式（6-5）：

$$r_i = \frac{1}{n} \sum_{j=1}^{n} \xi_{ij} \quad (6-5)$$

式中，r_i 是序列 X_i 对基准序列 X_0 的关联度，易见 r_i 越大，表明序列 X_i 与基准序列 X_0 的相似性越大，即表明对应的第 i 个基础设施在路网中的重要性越大。

考虑到实际情况中，道路基础设施的各项属性，如道路等级、AADT、路段长度和接入道路数量等，对于决定基础设施在路网中重要程度的影响不尽相同，因此，可根据专家经验分别赋予不同的权重系数，修正后的关联度 r_i 如下：

$$r_i = p_j \sum_{j=1}^{n} \xi_{ij} \tag{6-6}$$

式中，p_j 是基础设施各项属性的权重系数，$\sum_{j=1}^{n} p_j = 1$。

由此得到聚类论域 S 关联度集 $R = (r_1, r_2, \cdots, r_m)$，这为后续聚类分析奠定了基础。

6.2.5 建立灰色关联矩阵

由关联度集 R，定义聚类论域 S 中各序列之间的关联度差异矩阵 $\boldsymbol{E}_S$ 如下：

$$\boldsymbol{E}_S = \begin{bmatrix} e_{11} & e_{12} & \cdots & e_{1m} \\ e_{21} & e_{22} & \cdots & e_{2m} \\ \vdots & \vdots & & \vdots \\ e_{m1} & e_{m2} & \cdots & e_{mm} \end{bmatrix} \tag{6-7}$$

式中，e_{ij} $(i, j = 1, 2, \cdots, m)$ 为道路基础设施 i 的属性序列 X_i 相对于基础设施 j 的属性序列 X_j 的差异系数，计算如下：

$$e_{ij} = \frac{|r_i - r_j|}{r_j} \tag{6-8}$$

由关联度差异矩阵 $\boldsymbol{E}_S$ 得差异距离矩阵 $\boldsymbol{D}_S$ 如下：

$$\boldsymbol{D}_S = \begin{bmatrix} d_{11} & d_{12} & \cdots & d_{1m} \\ d_{21} & d_{22} & \cdots & d_{2m} \\ \vdots & \vdots & & \vdots \\ d_{m1} & d_{m2} & \cdots & d_{mm} \end{bmatrix} \tag{6-9}$$

式中，d_{ij} 为差异距离，计算如下：

$$d_{ij} = e_{ij} + e_{ji} \tag{6-10}$$

易见，关联度差异矩阵 $\boldsymbol{E}_S$ 的主对角线为 0，差异距离矩阵 $\boldsymbol{D}_S$ 是主对角线为 0 的对称矩阵。由差异距离矩阵 $\boldsymbol{D}_S$ 得到灰色关联矩阵 $\boldsymbol{R}_g$ 如下：

$$\boldsymbol{R}_g = \begin{bmatrix} g_{11} & g_{12} & \cdots & g_{1m} \\ g_{21} & g_{22} & \cdots & g_{2m} \\ \vdots & \vdots & & \vdots \\ g_{m1} & g_{m2} & \cdots & g_{mm} \end{bmatrix} \tag{6-11}$$

式中，g_{ij} 计算如下：

$$g_{ij} = 1 - \frac{d_{ij}}{\max(\boldsymbol{D}_S)} \tag{6-12}$$

易见，灰色关联矩阵 $\boldsymbol{R}_g$ 是主对角线为1的对称矩阵。

6.2.6 聚类分析

灰色关联矩阵 $\boldsymbol{R}_g$ 反映了分析论域 S，即路网内各基础设施相互间的亲疏关系，故可以按照矩阵 $\boldsymbol{R}_g$ 应用最大树法进行聚类，即以所有分类的对象为顶点，按灰色关联矩阵 $\boldsymbol{R}_g$ 中元素 g_{ij} 从大到小的顺序依次连接，在不产生回路的基础上把所有顶点都连通，构造最大树并绘制谱系图，路网基础设施的聚类谱系图如图6-1所示。随后，选取不同水平的聚类阈值 λ（$\lambda \in [0, 1]$），砍断权重小于 λ 的枝，即可得到一个不连通的树，其各连通分支就构成了在 λ 水平上的聚类。

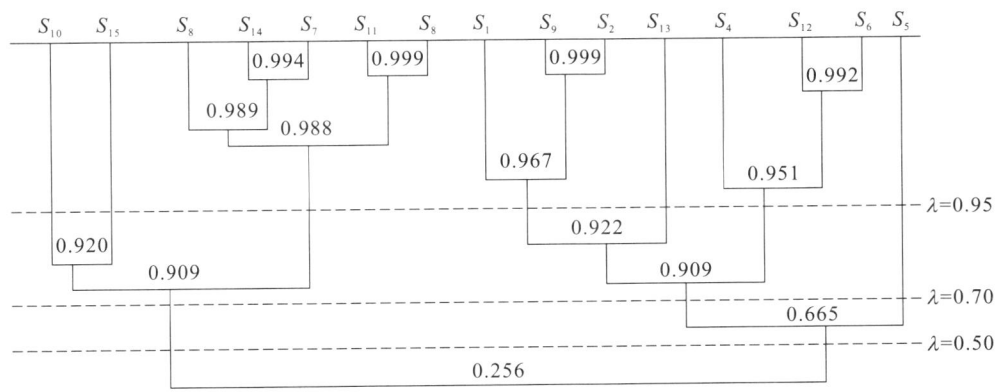

图 6-1 路网基础设施的聚类谱系图（示例）

6.2.7 权重分配

根据灰色理论-模糊聚类结果，对路网内不同类属的基础设施分配相应的初始权重。初始权重的赋值可以有多种方法：专家评分法、层次分析法、秩和比法、熵

权法和向量夹角余弦法等。以向量夹角余弦法为例,对于分属第k类的基础设施,其初始权重w_k^0计算如下:

$$w_k^0 = \frac{X_k X_0^T}{|X_k| \cdot |X_0|} \quad (6\text{-}13)$$

式中,X_k为第k类基础设施的属性序列,可根据第k类中的代表性基础设施的属性值或所有基础设施的平均值进行选取。

因此,对于分属第k类的第i个基础设施,其在路网中的权重计算如下:

$$w_i = \frac{w_k^0}{\sum_{k=1}^{l} \sum_{t=1}^{m(k)} w_k^0} \quad (6\text{-}14)$$

式中 l——路网内m个基础设施总分类数;

$m(k)$——分属第k类基础设施的数目。

6.3 组网道路设施的交通影响性分析与赋权

6.3.1 交通影响性分析方法与赋权理论

道路基础设施是路网交通流动的载体和支撑,其在路网中的重要性直观体现在对路网交通运行状况的影响上。因此,根据单体基础设施性能衰变和功能失效等对路网整体交通状况所产生的影响,可以直观地得到该基础设施在整个路网中的重要程度,即可将其作为权重分配的依据。例如,当某一路段因服役性能严重衰减而翻修重铺时,该路段封闭交通意味着其服务功能失效;或该路段因事故等原因导致交通流怠速甚至停滞,行车速度低于最低服务水平的要求也意味着其服务功能的失效。分析对比该路段在正常服役和功能失效两个阶段的路网整体交通运行状况的变化(如路网容量、通行能力、运行速度等的下降),可以得到其对路网的影响性和重要性,从而开展基于路网交通影响程度的权重分配,路网交通运行状况分析示例如图6-2所示。

为获取相关信息,可通过车载三维激光扫描、高清近景摄影、无人机飞控、多层级分布式传感装置布设等智能巡检/在线监测技术得到道路基础设施的服役性能状况;还可通过社会车辆泛在接入和卫星遥感技术获知路网内的车流速度和位置

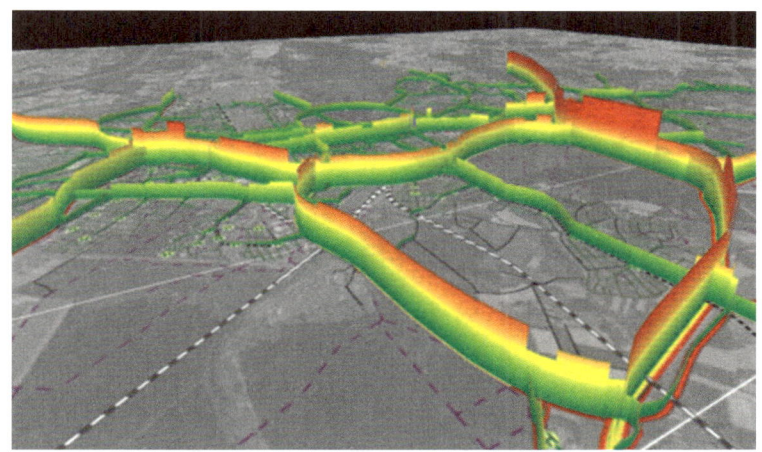

图6-2　路网交通运行状况分析

信息，从而计算得到各路段的交通运行状况。同时，也可基于"基础设施服役性能与路网交通协同运行的仿真分析"，获知基础设施性能衰变对路网交通运行状况的影响规律，据此分析重要程度。

路网容量是表征路网交通运行状况的重要指标。广义上，路网容量是指在一定的基础设施服役状况和交通运行条件下，规定时间内整个路网所有的道路基础设施和交叉口可以容纳的最大车辆数，即路网的最大容纳能力；狭义上，路网容量是指在一定的交通条件下，规定时间内通过路网关键单元（即路网的瓶颈部位）的最大车辆数（即路网的最大通行能力）。路网的最大容纳能力受到路网自身规模的影响，为便于对比分析不同区域的路网，以路网最大通行能力作为表征指标更为适宜。现阶段对路网通行能力的研究方法主要包括割集法、线性规划法、时空消耗法和交通分配模拟法等，下面将对割集法展开介绍。

割集法建立在1956年美国运筹学专家Fulkerson和Ford提出的网络流模型的基础上，其原理是对于任何一个存在起点和终点的路网，该路网的最大容量等于该路网内最小割集的容量。基于最大流量最小割集定理，根据路网拓扑结构将其任意划分为两个子区域，子区域交界处所包含的路段集合（割集）的通行能力总和即为子区域之间的通行能力，通行能力最小的割集对应整个路网通行能力的阈值。采用割集法计算路网通行能力示意如图6-3所示。割集法的关键是找到最小割集，此时便能得到路网的通行能力，根据某一基础设施功能失效前后路网通行能力的下降幅度，便可判断其对于路网运行状况的影响性和重要性，并以此作为权重分配的依据。

图 6-3 割集法计算路网通行能力示意

6.3.2 路网连通图与割集矩阵建立

路网由各类基础设施(路段、桥梁、隧道)以及设施相互间的连接(交叉口)组成。基于交通网络流理论,将路网拓扑结构用矩阵表示,从而便于进行路网内交通流的相关运算。建立路网连通图 $G(V, E)$,其中 V 为"点"集,即路网内所有交叉口、路-桥衔接段等的集合;E 为"边"集,即路网内所有路段、桥梁、隧道等的集合。

将 V 分成两个非空集合 S 和 $\bar{S}$,满足 $V = S \cup \bar{S}$。S 和 $\bar{S}$ 即为划分成的两个子区域,连接 S 和 $\bar{S}$ 的弧即为连接两个子区域的路段,这些弧(路段)共同构成一个割集 $[S, \bar{S}]$。从而建立割集矩阵 C,表示割集与其所有路段之间的对应关系。对于有 m 个基础设施的路网,根据其拓扑结构共构成 n 个割集,割集矩阵 C 如下:

$$C = \begin{bmatrix} C_{11} & C_{12} & \cdots & C_{1m} \\ C_{21} & C_{22} & \cdots & C_{2m} \\ \vdots & \vdots & & \vdots \\ C_{n1} & C_{n2} & \cdots & C_{nm} \end{bmatrix} \tag{6-15}$$

割集矩阵 C 中的元素定义如下:

$$C_{ij} = \begin{cases} 1, & \text{割集} C_i \text{正向包含路段} l_j \\ -1, & \text{割集} C_i \text{负向包含路段} l_j \\ 0, & \text{其他} \end{cases} \quad (0 \leq i \leq n, \ 0 \leq j \leq m) \tag{6-16}$$

6.3.3 路网交通流分析

1. 网络流

对于有向的路网连通图 $G(V, E)$,在 V 中指定两点:V_s 和 V_t,称 V_s 为起点,V_t 为终点,其余的点为中间点。对于路网中的每一条边 $(V_i, V_j) \in E$,对应有边的容量 $c_{ij} \geq 0$。因此,将路网计作 $G(V, E, c)$。网络流是指定义在边集合 E 上的一个函数 $f=\{f_{ij}\}$,并称 f_{ij} 为边 (V_i, V_j) 上的流量。在实际的路网交通中,各路段上的交通量对应其相应边上的流量。

2. 可行流

在实际的路网交通中,对于流有两个明显的要求:一是每个路段的流量不能超过其最大容量;二是中间点的流量为0,因为中间点只起到运转路网交通的作用,流进该中间点的交通量应该等于流出该中间点的交通量,所以该点的流量为0。由此可见,起点发出的交通量与终点收到的交通量是相等的,即为整个路网的交通量。所以,满足以下条件的流 f 被称为可行流:

(1) 容量限制条件。对每一条边 $(V_i, V_j) \in E$:$0 \leq f_{ij} \leq c_{ij}$;

(2) 流量平衡条件。

对于每个中间点 V_i,有:

$$\sum f_{ij} - \sum f_{ji} = 0 \tag{6-17}$$

对于起点 V_s,有:

$$\sum f_{sj} - \sum f_{js} = V(f) \tag{6-18}$$

对于终点 V_t,有:

$$\sum f_{tj} - \sum f_{jt} = -V(f) \tag{6-19}$$

式中,$V(f)$ 被称为这个可行流的流量,即起点净输出量或者终点净输入量。

3. 增广链

若给定一个可行流 $f = \{f_{ij}\}$,把路网中 $f_{ij} = c_{ij}$ 的边称为饱和边,$f_{ij} < c_{ij}$ 的边称为非饱和边,$f_{ij} = 0$ 的边称为零流边,$f_{ij} > 0$ 的边称为非零流边。

定义 μ 是网络中从起点到终点的一条链,且规定链的方向是从起点到终点,则链上的边被分为两类:一类边的方向与链 μ 的方向一致,称为前向边,记作 μ^+;另一类边与链 μ 的方向相反,称为后向边,记作 μ^-。

设 f 是一个可行流,μ 是从起点到终点的一条链,若 μ 满足以下条件,则称之为关于可行流的一条增广链:

(1) 在前向边 μ^+ 上,$0 \leqslant f_{ij} < c_{ij}$,即 μ^+ 中的每一条边均是非饱和边;

(2) 在后向边 μ^- 上,$0 < f_{ij} \leqslant c_{ij}$,即 μ^- 中的每一条边均是非零流边。

6.3.4 最大流量最小割集求解

路网交通最大流问题的关键在于获取一个最大的可行流。即找到一个流 $\{f_{ij}\}$,在满足以下约束条件的情况下,使其流量达到最大:

$$0 \leqslant f_{ij} \leqslant c_{ij} \quad (V_i, V_j) \in E$$
$$\sum f_{ij} - \sum f_{ji} = \begin{cases} V(f), & i = s \\ 0, & i \neq s \text{且} i \neq t \\ V(f), & i = t \end{cases} \quad (6\text{-}20)$$

1. 基本定理

(1) 最大流量充要条件:当且仅当不存在关于 f 的增广链时,可行流 f 是最大流。

(2) 最大流量最小割集定理:路网中从起点 V_s 到终点 V_t 的最大流量等于分割 V_s 与 V_t 的最小割集的容量。

2. 问题求解

寻找最大流的算法是从某个可行流 f 开始的,若网络中没有给定可行流,则取 $f=0$,即从零流开始。然后用标号法求出关于可行流 f 的增广链。若增广链存在,则经过调整,可以得到一个新的可行流 f^*,其流量 $V(f^*)$ 大于 $V(f)$,继续寻找增广链并进行调整。反复多次直到增广链不存在,即得到最大流。

通过标号法寻找最大流的算法可分为两步:首先是寻找增广链的标号,然后是对增广链上的流量进行调整。

(1) 标号过程。路网中的点分为两类:标号点和未标号点。每个标号点的标号又包含两部分:一部分表示其标号的来源,即从哪个点得到标号,方便找出增广链；另一部分的作用是确定增广链的调整量δ。标号过程具体如下：

①初始化。先给V_s标上（0，∞），此时V_s是标号而未检查的点，剩余的均是没有标号的点。

②检查并标号。找到一个已标号而没有检查的点V_i，对于剩余的所有未标号点V_j，则需要：

a）若在前向边（V_i，V_j）上，$f_{ij}<c_{ij}$，对V_j标号[V_i, $l(V_j)$]，其中$l(V_j)=\min\{l(V_i), c_{ij}-f_{ij}\}$，此时$V_j$成为已标号未检查的点；

b）若在后向边（V_j，V_i）上，$f_{ji}>0$，对V_j标号[$-V_i$, $l(V_j)$]，其中$l(V_j)=\min\{l(V_i), f_{ji}\}$，此时$V_i$成为已标号、已检查的点。

重复上述过程，直至V_t成为标号点或所有标号点都检查过。若V_t成为标号点，表明得到一条从V_s到V_t的增广链，转入调整过程；若所有标号点都检查过，表明此时的可行流就是最大流，问题求解结束。

（2）调整过程。在增广链上，前向边流量增加$l(V_t)$，后向边流量减少$l(V_t)$，即设调整量$\delta = l(V_t)$，令

$$f_{ij}^* = \begin{cases} f_{ij}+\delta, & (V_i,V_j)\in \mu^+ \\ f_{ij}-\delta, & (V_i,V_j)\in \mu^- \\ f_{ij}, & (V_i,V_j)\notin \mu^- \end{cases} \quad (6-21)$$

得到一个新的可行流$f^* = \{f_{ij}^*\}$，对新的可行流f^*再次进入标号过程。重复上述过程，直至得到路网最大流量，同时得到最小割集，即路网的通行能力。

6.3.5 权重分配

根据某一基础设施服役性能衰减、服务功能失效前后路网整体通行能力的变化，便可直观得到该基础设施，或者根据灰色模糊聚类其所在的第k类基础设施对于路网交通运行状况的影响性和对于路网整体的重要性。据此分配权重，初始权重w_k^0计算如下：

$$w_k^0 = \frac{C_k - C_k^{'}}{\max\{C_i - C_i^{'}\}} \quad (6-22)$$

式中 C_k——第k类基础设施正常服役状况下的路网通行能力；

$C_k^{'}$ ——第 k 类基础设施功能失效状况下的路网通行能力；

$\max\{C_i - C_i^{'}\}$ ——各类基础设施中功能失效导致路网通行能力的最大下降幅值。

因此，对于分属第 k 类的基础设施，其在路网中的权重计算同式（6-14）。

6.4 道路路网基础设施的组合赋权方法

上述两种方法分别基于基础设施的固有属性和对路网交通运行状况的影响性，判断其在路网中的重要程度，进而进行权重分配。前者体现基础设施在路网中的预期服务功能，后者关注基础设施在路网中的实际承担作用。为了充分利用上述两种赋权方法的优点，我们运用德尔菲法（专家咨询法）对路网内基础设施进行组合赋权，流程如下：

（1）邀请相关专家学者、道路使用者、运营管理部门等（后统称"专家"）对两种赋权方式的权重系数进行独立、匿名的设计，即判断两种赋权方式各占比重；

（2）收集专家的匿名意见，初步整理后把所有意见发送至各位专家，请专家们根据他人的意见及最新的资料调整自己原有的权重系数设计，并再次匿名提交。

（3）重复上述过程，直至专家们的意见基本达成一致，即说明专家们经过间接讨论，在两种赋权方法的权重系数分配上达成共识。

（4）路网内各基础设施的组合权重可按式（6-23）计算：

$$w_k^c = a_1 w_k^1 + a_2 w_k^2, \quad (a_1 + a_2 = 1) \qquad (6\text{-}23)$$

式中　w_k^c ——第 k 类基础设施在路网中的组合权重；

w_k^1 ——第 k 类基础设施基于自身固有属性的权重；

w_k^2 ——第 k 类基础设施基于路网交通影响程度的权重；

a_1，a_2 ——专家们经过德尔菲法后达成共识的权重系数。

基于各基础设施的服役性能评估，以及其在路网内的权重 w_k^c，便可累加计算得到路网基础设施的整体运行状态。

6.5 基于组合权重和模糊数学的路网层级综合评估

为实现道路设施性能状况评估由单体道路向路网层级的提升，根据组网道路设施在正常服役时的基本属性和功能失效下对路网交通运行状况的动态影响，明确其对路网的重要程度，据此分配权重；同时，基于模糊数学优化单体道路设施的性能评价方法，从而适配真实情况下信息不完全、状态难明晰的路网层级综合评估。

对于 m 个道路设施组成的路网，每个道路设施的服役性能评价结果可以划分为"优""良""中""次""差"五个等级，对第 j 个评价指标 I_j，建立路网内 m 个道路设施的隶属度矩阵 U 如下：

$$U = \begin{bmatrix} \mu_1^j(1) & \mu_2^j(1) & \cdots & \mu_5^j(1) \\ \mu_1^j(2) & \mu_2^j(2) & \cdots & \mu_5^j(2) \\ \vdots & \vdots & & \vdots \\ \mu_1^j(m) & \mu_2^j(m) & \cdots & \mu_5^j(m) \end{bmatrix} \quad (6\text{-}24)$$

式中，$\mu_k^j(i)$ 为第 i 个道路设施对于第 j 个评价指标的第 k 个等级的隶属度。

根据组合权重 $\{w_1, w_2, \cdots, w_m\}$，计算得到对于评价指标 I_j，路网整体性能状况的隶属度 $U_j(net)$ 如下：

$$U_j(net) = \begin{bmatrix} w_1 & w_2 & \ldots & w_m \end{bmatrix} \times \begin{bmatrix} \mu_1^j(1) & \mu_2^j(1) & \cdots & \mu_5^j(1) \\ \mu_1^j(2) & \mu_2^j(2) & \cdots & \mu_5^j(2) \\ \vdots & \vdots & & \vdots \\ \mu_1^j(m) & \mu_2^j(m) & \cdots & \mu_5^j(m) \end{bmatrix} \quad (6\text{-}25)$$

式中，$U_j(net) = [\mu_1^j(net) \quad \mu_2^j(net) \quad \mu_3^j(net) \quad \mu_4^j(net) \quad \mu_5^j(net)]$ 为路网整体性能状况的隶属度。

根据最大隶属度 $\mu_{\max}^j(net) = \max\{\mu_1^j(net), \mu_2^j(net), \cdots, \mu_5^j(net)\}$ 所处的等级，得到路网对于评价指标 I_j 的运行状况等级。

7
道路路网基础设施运行状态预测方法

7.1 道路路网基础设施运行状态预测的基本原理

路网内各类基础设施的服役性能与路网交通运行状态之间存在着复杂的耦合作用关系。一方面，基础设施服役性能衰减会影响服务质量，导致行驶路径的重新选择和交通流在路网内的重分配；另一方面，交通流的重分配会加剧周围替代路段服役性能的衰变趋势。因此，在对单体基础设施性能衰变趋势预测的基础上，还应考虑组网条件下受交通流重分配影响的基础设施状态转移趋势。

基于模糊数学优化道路设施性能评估方法，建立道路设施破损状况、行驶质量、车辙状况、抗滑性能、结构性能及总体性能评价指标的隶属度函数。对于路网内的新建道路设施，由于其历史累积数据的不足，往往难以获得服役性能随时间变化规律的显著特征，导致传统回归模型的预测精度较低。基于灰色理论，提出针对有限时序数据补充的新建道路性能预测方法，采用累加生成法对原始数据序列建立单变量一阶微分方程，得到一阶生成数据序列和原始数据序列的灰色预测模型；采用基于方差比 C 和小误差概率 p 的后验差检验方法评价预测精度，并进行误差修正。针对组网道路设施作为一个协同运行的整体共同承担路网内的交通流，提出基于马尔可夫模型的路网运行态势推演分析方法，通过建立基于历史数据统计分析的转移概率矩阵，反映道路设施性能与路网交通分配耦合作用下的状态转移规律；通过转移概率矩阵、隶属度矩阵和权重矩阵，运算推演路网状态的隶属度变化。

7.2 道路基础设施服役性能分级与模糊评价

参照我国现行技术规范,如《公路技术状况评定标准》(JTG 5210—2018),可将道路基础设施的各项性能分为"优""良""中""次""差"五个等级。实际上受多种因素的共同影响,基础设施服役性能的优劣和运行态势的发展是一个模糊概念,而"非此即彼"的分级评价方法会带来主观性大、信息损失等问题。出于对该方面的考虑,我们基于模糊数学原理建立了道路基础设施各项性能评价指标的隶属度函数,隶属度函数示例如图7-1所示,将检测数据的确定性表征转化为性能状态的模糊化评估,从而更符合实际情况。

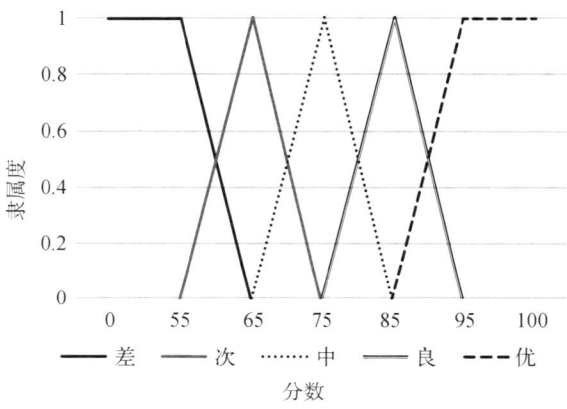

图7-1 隶属度函数(示例)

对于m个道路基础设施组成的路网,每个基础设施的性能评价结果均可划分为n个等级,并用隶属度集合来表示:$R_i = \{r_{i1}, r_{i2}, \cdots, r_{in}\}$ ($\sum_{j=1}^{n} r_{ij} = 1$),其中$r_{ij}$表示第$i$个基础设施对于第$j$个等级的隶属度。根据对路网内所有基础设施性能检测得到评价值(如PQI)和隶属度函数,从而得到路网内m个基础设施的隶属度矩阵如下:

$$\boldsymbol{R} = \begin{bmatrix} r_{11} & r_{12} & \cdots & r_{1n} \\ r_{21} & r_{22} & \cdots & r_{2n} \\ \vdots & \vdots & & \vdots \\ r_{m1} & r_{m2} & \cdots & r_{mn} \end{bmatrix} \tag{7-1}$$

由此得到路网整体运行状态的模糊评估结果。相比传统的分级评价方法,构建隶属度矩阵能够更大幅度地保留最原始、最直观的信息,使评估结果更加真实可靠。

7.3 既有道路路网基础设施状态转移预估

马尔可夫模型是一种应用广泛的概率型预测模型,其能够充分考虑路网交通重分配导致基础设施性能状态变化的不确定性,能更好地符合实际情况。马尔可夫模型的基本原理是根据系统现在所处的状态,采用马尔可夫链理论得到系统未来可能达到某种状态的概率。马尔可夫链实质上是指具有无后效性的离散型随机过程,无后效性即是系统在将来所处的状态只与系统现在的状态有关,而与其过去的状态无关。

马尔可夫概率预测模型作为变起点模型,可以依据最新的调查数据作为预测起点,以提高预测精度,并且马尔可夫模型能够随路网运行状态的变化及时更新,使预测模型与路网态势达到协调统一。马尔可夫模型的核心内容是转移概率矩阵,考虑到不同基础设施之间结构设计、功能属性等的区别,以及不同路网区域之间交通流量、路域环境等的差异,可对多个子类属的基础设施和子区域的路网分别建立转移概率矩阵,以提高态势预测分析的精度。

将道路基础设施的服役性能和运行状态分为 n 个等级,初始阶段各种状态的概率分布 P_0 为

$$P_0 = (p_1, p_2, \ldots, p_n), \quad \sum_{i=1}^{n} p_i = 1 \tag{7-2}$$

道路基础设施在 n 个状态间的转移概率矩阵 $\boldsymbol{P}$ 如下:

$$\boldsymbol{P} = [p_{ij}]_{n \times n} = \begin{bmatrix} p_{11} & p_{12} & \cdots & p_{1n} \\ p_{21} & p_{22} & \cdots & p_{2n} \\ \vdots & \vdots & & \vdots \\ p_{n1} & p_{n2} & \cdots & p_{nn} \end{bmatrix} \tag{7-3}$$

式中,p_{ij} 为道路基础设施从状态 i 转移到状态 j 的概率,满足 $p_{ij} \geqslant 0$,且 $\sum_{j=1}^{n} p_{ij} = 1$。

确定状态转移概率 p_{ij} 的常用方法包括经验判断、统计分析和回归分析等。其中,统计分析法是在具备较长历史序列的情况下,利用统计分析的方法估计系统经过某一时段后由一种状态向另一种状态转移的概率。对于既有路网,根据内部基础设施状态的历史统计数据估计转移概率 p_{ij} 的算法如下:

$$p_{ij} = \frac{\sum_{t=1}^{T} a_{ij}}{\sum_{t=1}^{T} \sum_{j=1}^{n} a_{ij}} \qquad (7-4)$$

式中，$\sum_{t=1}^{T} a_{ij}$ 表示有历史数据统计的 T 年内，路网内所有基础设施从状态 i 转移到状态 j 的发生频次。

根据转移概率矩阵 P，便可以预测 t 年后路网内 m 个基础设施的隶属度矩阵 R_t 如下：

$$R_t = R_0 \times P^t = \begin{bmatrix} r_{11} & r_{12} & \cdots & r_{1n} \\ r_{21} & r_{22} & \cdots & r_{2n} \\ \vdots & \vdots & & \vdots \\ r_{m1} & r_{m2} & \cdots & r_{mn} \end{bmatrix} \times \begin{bmatrix} p_{11} & p_{12} & \cdots & p_{1n} \\ p_{21} & p_{22} & \cdots & p_{2n} \\ \vdots & \vdots & & \vdots \\ p_{n1} & p_{n2} & \cdots & p_{nn} \end{bmatrix}^t \qquad (7-5)$$

基于此，便可利用历史统计数据，推演分析法受交通状况、路域环境等多种因素影响的路网基础设施的运行态势。同时，可以将最新时间序列下的基础设施状态转移情况统计在转移概率矩阵 P 中，从而利用数据更新校核转移概率矩阵，提高预测精度。

7.4 新建道路路网基础设施状态转移预估

利用马尔可夫模型预估路网基础设施运行态势的关键在于确定状态转移概率 p_{ij}，对于积累了大量历史数据的既有路网，可以利用历史序列下的统计分布规律来估计状态转移概率；而对于新建路网，其历史累积数据不足，难以较为可靠地估计状态转移概率。基于灰色理论的预测方法特别适用于历史数据较少的态势推演分析，且对于短期预测的精度较高。因此，可以采用灰色理论预测模型（Grey Models，GM）对新建路网的基础设施状态进行短期预测，将预测结果增添在时间序列中以弥补既有历史数据的不足，从而为有效估计状态转移概率提供数据保障。

7.4.1 建立灰色预测模型

建立一阶单变量的微分方程模型 GM(1, 1)，用于单时间序列下的预测。已知新建路网中某一道路基础设施在 t 年内的服役性能的原始数据序列

$X^{(0)} = [x^{(0)}(1),\ x^{(0)}(2),\cdots,\ x^{(0)}(t)]$，其中 $x^{(0)}(i)$ 为该基础设施在第 i 年的服役性能评价值。

（1）对 $X^{(0)}$ 进行一次累加得到新的数据序列 $X^{(1)}$ 如下：

$$X^{(1)} = [x^{(1)}(1),\ x^{(1)}(2),\cdots,\ x^{(1)}(t)] \tag{7-6}$$

式中，$x^{(1)}(i) = \sum_{k=1}^{i} x^{(0)}(k)$，$i = 1, 2, \cdots, t$。

（2）构造数据矩阵 $\boldsymbol{B}$ 和数阵向量 y_n 如下：

$$\boldsymbol{B} = \begin{bmatrix} -0.5(x^{(1)}(1) + x^{(1)}(2)) & 1 \\ -0.5(x^{(1)}(2) + x^{(1)}(3)) & 1 \\ \vdots & \vdots \\ -0.5(x^{(1)}(n-1) + x^{(1)}(n)) & 1 \end{bmatrix} \tag{7-7}$$

$$y_n = [x^{(0)}(2),\ x^{(0)}(3),\cdots x^{(0)}(n)]^\mathrm{T} \tag{7-8}$$

（3）设 $\hat{a} = (a, u)^\mathrm{T}$ 为参数序列，对其进行最小二乘估计，得到：

$$\hat{a} = (\boldsymbol{B}^\mathrm{T}\boldsymbol{B})^{-1}\boldsymbol{B}^\mathrm{T} y_n \tag{7-9}$$

式中，a，u 为待估计参数，分别称为发展灰数和内生控制灰数。

（4）建立一阶生成数据序列和原始数据序列的预测模型分别如下：

$$\hat{x}^{(1)}(i+1) = \left[x^{(0)}(1) - \frac{u}{a}\right]\mathrm{e}^{-ai} + \frac{u}{a} \tag{7-10}$$

$$\hat{x}^{(0)}(i+1) = \hat{x}^{(1)}(i+1) - \hat{x}^{(1)}(i) \tag{7-11}$$

$\hat{x}^{(0)}(t+1)$ 即为预测的下一阶段［第 $(t+1)$ 年］的路网基础设施服役性能评价值。

7.4.2 模型预测精度检验

对灰色模型的预测结果进行残差检验、关联度检验和后验差检验，检测指标包括相对误差 $\Omega^{(0)}(i)$、灰色绝对关联度 ξ、方差比 C 和小误差概率 p 等。

1. 残差检验

计算检测数据与预测数据的绝对误差和相对误差。如果相对误差最大不超过 10%，则可认为模型的预测精度较高。

$$\left.\begin{array}{l}\varepsilon^{(0)}(i)=\left|x^{(0)}(i)-\hat{x}^{(0)}(i)\right|\\ \Omega^{(0)}(i)=\dfrac{\varepsilon^{(0)}(i)}{x^{(0)}(i)}\times100\%, \quad i=1,2,\ldots,t\end{array}\right\} \quad (7\text{-}12)$$

2. 关联度检验

定义灰色绝对关联度 ξ 如下：

$$\xi=\frac{1+|s|+|\hat{s}|}{1+|s|+|\hat{s}|+|\hat{s}-s|} \quad (7\text{-}13)$$

式中，$|s|=\left|\sum\limits_{i=2}^{t-1}[x^{(0)}(i)-x^{(0)}(1)]+0.5[x^{(0)}(t)-x^{(0)}(1)]\right|$；

$|\hat{s}|=\left|\sum\limits_{i=2}^{t-1}[\hat{x}^{(0)}(i)-\hat{x}^{(0)}(1)]+0.5[\hat{x}^{(0)}(t)-\hat{x}^{(0)}(1)]\right|$。

计算出的灰色绝对关联度越高，则表示生成的预测数据序列和原始数据序列的相关性越好。

3. 后验差检验

后验差检验主要有两项指标：方差比 C 和小误差概率 p。方差比 C 为残差 $\varepsilon^{(0)}(i)$ 的均方差 S_ε 与原始数据 $x^{(0)}(i)$ 的均方差 S_0 之比。

$$\left.\begin{array}{c}C=\dfrac{S_\varepsilon}{S_0}\\[2mm] S_\varepsilon=\sqrt{\dfrac{\sum\limits_{i=1}^{t}[\varepsilon^{(0)}(i)-\overline{\varepsilon}^{(0)}]^2}{t-1}};\quad S_0=\sqrt{\dfrac{\sum\limits_{i=1}^{t}[x^{(0)}(i)-\overline{x}^{(0)}]^2}{t-1}}\end{array}\right\} \quad (7\text{-}14)$$

式中，$\overline{\varepsilon}^{(0)}=\dfrac{1}{t}\sum\limits_{i=1}^{t}\varepsilon^{(0)}(i)$；$\overline{x}^{(0)}=\dfrac{1}{t}\sum\limits_{i=1}^{t}x^{(0)}(i)$

小误差概率 p 按式（7-15）计算：

$$p=\{\left|\varepsilon^{(0)}(i)-\overline{\varepsilon}^{(0)}\right|<0.6745\cdot S_0\} \quad (7\text{-}15)$$

灰色模型的预测精度按表 7-1 分级。

表7-1　　　　　　　　　　　模型预测精度等级划分

检验指标	精度等级			
	一级 优	二级 良	三级 合格	四级 不合格
灰色绝对关联度 ζ	>0.90	0.80~0.90	0.70~0.80	<0.70
方差比 C	<0.35	0.35~0.50	0.50~0.65	>0.65
小误差概率 p	>0.95	0.80~0.95	0.70~0.80	<0.70

7.4.3 残差修正

针对路网基础设施运行态势预测的不同精度要求，对预测精度达不到要求的灰色模型进行残差修正。由于灰色模型GM(1,1)基于一次累加数据序列 $X^{(1)}$ 建立，因此即便在序列前面的数据误差较小的情况下，后续数列的误差也可能会随累加而逐渐增大。对于要从第 j 项开始进行残差修正的数据序列，其残差序列为 $\varepsilon^{(0)} = \{\varepsilon^{(0)}(j), \varepsilon^{(0)}(j+1), \cdots, \varepsilon^{(0)}(t)\}$。

对残差序列建立GM（1，1）模型，得到：

$$\hat{\varepsilon}^{(1)}(j+1) = \left[\varepsilon^{(0)}(j) - \frac{u'}{a'}\right]e^{-a'j} + \frac{u'}{a'} \qquad (7-16)$$

$$\hat{\varepsilon}^{(0)}(j+1) = -a'\left[\varepsilon^{(0)}(j) - \frac{u'}{a'}\right]e^{-a'j} \qquad (7-17)$$

由此，得到残差修正后的灰色预测模型如下：

$$\hat{x}^{(1)}(i+1) = \left[x^{(0)}(1) - \frac{u}{a}\right]e^{-ai} + \frac{u}{a} + \delta(i-j)(-a')\left[\varepsilon^{(0)}(j) - \frac{u'}{a'}\right]e^{-a'j}$$

$$\delta(i-j) = \begin{cases} 1, & i \geq j \\ 0, & i < j \end{cases} \qquad (7-18)$$

通过上述方法得到新建路网基础设施在短期内的性能状况预测结果，由此补充了路网内部基础设施服役情况的历史序列数据，提高了估计状态转移概率的合理性和可靠性。

参考文献

[1] AASHTO. AASHTO Guidelines for Pavement Management Systems[M]. Washington D.C.: AASHTO, 1990.

[2] DARTER M I, SHAHIN M Y. Pavement Rehabilitation: Identifying the Need[J]. Journal of Transportation Engineering, 1980, 106(1): 1-10.

[3] ASTM D5340-98. Standard Test Method for Airport Pavement Condition Index Surveys[S]. West Conshohocken, PA, USA: American Society for Testing and Materials, 1998.

[4] 饭岛尚, 等. MCI路面使用性能评价模型[J]. 土木技术资料, 1981, 22(11): 577-582.

[5] RTAC. Pavement Design and Evaluation Committee, Roads and Transportation Association of Canada Output Measurement for Pavement Studies in Canada[R]. Proc. of 3rd ICSDAP, 1972: 978-989.

[6] 王茵, 胡昌斌, 才华, 等. 高速公路沥青路面使用性能综合评价指标的研究[J]. 沈阳建程学院学报（自然科学版）, 2000, 16(4): 264-268.

[7] 胡昌斌, 王奎华, 谢康和. 沈大高速公路路面使用性能养护综合评价模型的研究[J]. 公路, 2002(3): 1-7.

[8] 陆亚兴, 张席洲. 柔性路面损坏状况评价与养护决策的系统方法[J]. 系统工程理论与实践, 1994(3): 53-59.

[9] GRIVAS D A, SHEN Y C. A Fuzzy Set Approach for Pavement Damage Assessments[J]. Civil Engineering Systems, 1991, 8(1): 37-47.

[10] 孙立军, 姚祖康. 沥青路面使用性能评价和养护对策确定的FUZZY方法[J]. 同济大学学报, 1990(2): 167-176.

[11] 王宁宁, 刘燕. 模糊综合评价法在高速公路路面使用性能评价中的应用[J]. 公路交

通技术, 2007(9)增刊: 123-127.

[12] 资建民, 江滔. 路面状况综合评价的灰色方法[J]. 华中科技大学学报(自然科学版), 2002, 30(3): 62-64.

[13] 杜朝伟, 朱罡. 基于灰色聚类法的高速公路沥青路面使用性能综合评价[J]. 中外公路, 2007, 27(5): 67-70.

[14] FANG H. Pavement Performance Evaluation Using an Improved Gray Clustering[C]. International Conference on Multimedia Technology, 2011: 1139-1143.

[15] 蒋红妍, 戴经梁. 道路路况评价的物元模型[J]. 长安大学学报(自然科学版), 2002, 25(1): 29-32.

[16] 王惠勇, 陈宇亮, 芮勇勤. 基于物元模型分析方法的路面状况综合评价[J]. 交通运输工程学报, 2004, 4(2): 6-9.

[17] 朱光明, 秦志斌. 基于熵权的沥青路面性能物元评价[J]. 公路与汽运, 2012(1): 102-103.

[18] RAVIRALA V, GRIVAS D A. Goal-Programming Methodology for Integrating Pavement and Bridge Program[J]. Journal of Transportation Engineering, 1995, 121(4): 345-351.

[19] 季天剑, 黄晓明, 陈荣生. 人工神经网络在路面使用性能分析中的应用[J]. 公路交通科技, 2002, 19(4): 19-21.

[20] 谢峰, 马智民, 栾卫东. 基于模糊神经网络的高速公路路面质量评价[J]. 西南交通大学学报, 2013, 48(1): 160-164.

[21] 王立国, 付洋. 基于可拓神经网络的高速公路路面使用性能评价[J]. 项目管理技术, 2019, 17(7): 25-30.

[22] FWA T F, CHAN W T, HOQUE K Z. Analysis of Pavement Management Activities Programming by Genetic Algorithms[J]. Transportation Research Record, 1998(11): 1-6.

[23] 刘艳, 康海贵, 孙敏. 基于遗传算法的模糊优选神经网络路面性能评价模型[J]. 大连理工大学学报, 2010, 50(1): 117-122.

[24] 胡霞光, 王秉纲. 两种基于遗传算法的路面性能综合评价方法[J]. 长安大学学报(自然科学版), 2002, 22(2): 6-9.

[25] 郭玲玲. 基于遗传神经网络的路面使用性能评价预测[J]. 公路工程, 2017, 42(4): 223-227, 236.

[26] 张庆印. 基于遗传-神经网络的农村公路沥青路面使用性能评价方法研究[D]. 西安: 长安大学, 2013.

[27] AASHO. The AASHO road test reports: Pavement Research Highway Research Board, special report 61E[R]. Washington D.C.: National Academy of Science-national Research Council, 1962.

[28] SHAHIN M Y. Pavement Management for Airports, Roads and Parking Lots[J]. Canadian Journal of Civil Engineering, 2005, 22(4): 845-846.

[29] CHEN X, Hudson S, et al. Pavement Performance Modeling Program for Pennsylvania[R]. Washington D.C.: Transportation Research Record, 1995.

[30] ULLIDTZ P. Mathematical model of pavement performance under moving wheel load[M]. Washington D.C.: National Academy Press, 1993.

[31] SARAF C L, MAJIDZADEH K. Distress prediction models for a network-level pavement management system[J]. Transportation Research Record, 1992 (1344).

[32] 王佳. 高速公路沥青路面使用性能评价与预测决策研究[D]. 长沙：长沙理工大学，2006.

[33] 杜浩. 机场道面使用性能预测的混合效应模型[D]. 上海：同济大学，2009.

[34] RAUHUT J B, LYTTON R L, JORDHAL P R, et al. Damage functions for rutting, fatigue cracking and loss of serviceability in flexible pavements[M]. 1983.

[35] 孙立军, 刘喜平. 路面使用性能的标准衰变方程[J]. 同济大学学报(自然科学版)，1995(5): 512-518.

[36] DO M. Comparative Analysis on Mean Life Reliability with Functionally Classified Pavement Sections[J]. KSCE Journal of Civil Engineering, 2011, 15(2): 261-270.

[37] TIGHE S. Guidelines for Probabilistic Pavement Life Cycle Cost Analysis[J]. Transportation research record, 2001, 1769(1): 28-38.

[38] BEZABIH A G, CHANDRA S. Comparative Study of Flexible and Rigid Pavements for Different Soil and Traffic Conditions[J]. Journal of the Indian Roads Congress, 2009, 70(2): 153-162.

[39] 陈兴伟. 力学－经验路面设计指南(MEPDG)简介[J]. 上海公路，2011(3): 1-7, 12.

[40] AASHO. User Manual and Local Calibration Guide for the Mechanistic–Empirical Pavement Design Guide and Software[M]. Washington D.C.: Transportation Research Board of the National Academies, 2009.

[41] GONG H, SUN Y, HUANG B. Gradient Boosted Models for Enhancing Fatigue Cracking Prediction in Mechanistic-Empirical Pavement Design Guide[J]. Journal of Transportation Engineering, Part B: Pavements, 2019, 145(2): 04019014.

[42] KHRAIBANI H, LORINO T, LEPERT P, et al. Nonlinear Mixed-effects Model for the Evaluation and Prediction of Pavement Deterioration[J]. Journal of Transportation Engineering, 2012, 138(2): 149-156.

[43] MENSCHING D J, MCCARTHY L M, MEHTA Y, et al. Modeling Flexible Pavement Overlay Performance for Use with Quality-related Specifications[J]. Construction and Building Materials, 2013, 48: 1072-1080.

[44] AKTAŞ B, KARAŞAHIN M, TIGDEMIR M. Developing a Macrotexture Prediction Model for Chip Seals[J]. Construction and Building Materials, 2013, 41: 784-789.

[45] DONG Q, HUANG B. Establishment of Performance Models and Effectiveness Evaluation of Pavement Maintenance Treatments at Different Traffic Levels[C]. Geo-Shanghai, 2014: 343-350.

[46] CHEN D, MASTIN N. Sigmoidal Models for Predicting Pavement Performance Conditions[J]. Journal of Performance of Constructed Facilities, 2016, 30(4): 04015078.

[47] 刘伯莹, 姚祖康. 网级路面管理系统中优化方法的研究[J]. 中国公路学报, 1994(3): 1-9.

[48] 倪富健, 方昱, 薛智敏. 时间序列在路面平整度预测中的应用[J]. 东南大学学报(自然科学版), 2006, 36(4): 634-637.

[49] 武建民, 刘大彬, 李福聪, 等. 基于时间序列分析法的沥青路面使用性能预测[J]. 长安大学学报(自然科学版), 2015, 35(3): 1-7.

[50] 肖金平, 韦慧, 赵健, 等. 湖南省高速公路路面使用性能衰变模型[J]. 中南大学学报(自然科学版), 2015, 46(07): 2686-2692.

[51] BUTT A A, SHAHIN M Y, FEIGHAN K J, et al. Pavement performance prediction model using the Markov process[R]. Transportation Research Record, 1987.

[52] SMITH R E. Structuring a Microcomputer Based Pavement Management System for Local Agencies[D]. University of Illinois at Urbana-Champaign, 1986.

[53] WANG K C P, LI Q. Pavement Smoothness Prediction Based on Fuzzy and Gray Theories[J]. Computer-Aided Civil and Infrastructure Engineering, 2011, 26(1): 69-76.

[54] DURANGO P L. Adaptive Optimization Models for Infrastructure Management[D]. University of California, 2002.

[55] LYTTON R L. Concepts of pavement performance Prediction and Modeling[C]. Second North American Conference on Managing Pavements Proceedings, 1987, 2: 4-19.

[56] ABAZA K A, ASHUR S A, AL-KHATIB I A. Integrated pavement management system

with a Markovian prediction model[J]. Journal of Transportation Engineering, 2004, 130(1): 24-33.

[57] CHUA K H, MONISMITH C L. Mechanistic Model for Transition Probabilities[J]. Journal of Transportation Engineering, 1994, 120(1): 144-159.

[58] YANG J, GUNARATNE M, LU J J, et al. Use of Recurrent Markov Chains for Modeling the Crack Performance of Flexible Pavements[J]. Journal of Transportation Engineering, 2005, 131(11): 861-872.

[59] ABAZA K A. Back-calculation of Transition Probabilities for Markovian-based Pavement Performance Prediction Models[J]. International Journal of Pavement Engineering, 2016, 17(3): 253-264.

[60] 傅东阳, 胡昌斌. 高速公路沥青路面使用性能马尔可夫概率预测[J]. 福州大学学报(自然科学版), 2005, 33(4): 518-522.

[61] GUILLAUMOT V M, DURANGO-COHEN P L, MADANAT S M. Adaptive Optimization of Infrastructure Maintenance and Inspection Decisions under Performance Model Uncertainty[J]. Journal of Infrastructure Systems, 2003, 9(4): 133-139.

[62] Pablo L D. Adaptive Optimization Models for Infrastructure Management[D]. Berkeley: University of California，2002.

[63] 郑婉. 多指标控制的高速公路沥青路面养护决策[D]. 哈尔滨: 东北林业大学, 2014.

[64] CHOI J H, ADAMS T M, BAHIA H U. Pavement Roughness Modeling Using Back-propagation Neural Networks[J]. Computer-Aided Civil and Infrastructure Engineering, 2004, 19(4): 295-303.

[65] 刘亚敏, 韩森, 徐鸥明. 基于遗传算法的SMA路面抗滑性能预测模型[J]. 应用基础与工程科学学报, 2013, 21(5): 890-898.

[66] ATTOH-OKINE N O. Predicting Roughness Progression in Flexible Pavements Using Artificial Neural Networks[C]. Transportation Research Board Conference Proceedings. 1994, 1(1), 55-62.

[67] KER H W, LEE Y H., WU P H. Development of Fatigue Cracking Prediction Models Using Long-term Pavement Performance Database[J]. Journal of Transportation Engineering, 2008, 134(11): 477-482.

[68] HUANG Y, MOORE R K. Roughness Level Probability Prediction Using Artificial Neural Networks[J]. Transportation Research Record, 1997, 1592(1): 89-97.

[69] GEORGE K, SHEKHARAN A. Updates of Pavement Performance Modeling[C]. Third

International Conference on Road and Airfield Pavement Technology, Proceedings, 1998, 1: 402-410.

[70] OWUSU-ABABIO S. Modeling Skid Resistance for Flexible Pavements: A Comparison between Regression and Neural Network Models[J]. Transportation Research Record, 1995, 1501: 60-71.

[71] BIANCHINI A, BANDINI P. Prediction of Pavement Performance through Neuro-fuzzy Reasoning[J]. Computer-Aided Civil and Infrastructure Engineering, 2010, 25(1): 39-54.

[72] GUPTA A, KUMAR P, RASTOGI R. Pavement Deterioration and Maintenance Model for Low Volume Roads[J]. International Journal of Pavement Research and Technology, 2011, 4(4): 195-202.

[73] FERREGUT C, ABDULLAH I. Artificial Neural Network-based Methodologies for Rational Assessment of Remaining Life of Existing Pavement[R]. Texas: Department of Transportation, Austin, 1998.

[74] 温胜强. 基于组合预测与模糊优化的高速公路路面养护决策研究[D]. 大连: 大连理工大学, 2009.

[75] 杜增明. 基于信息融合技术的机场水泥道面性能评价和维护决策模型[D]. 上海: 同济大学, 2017.

[76] 谢振南. 多传感器信息融合技术研究[D]. 广州: 广东工业大学, 2013.

[77] AGARWAL M. Combining Neural and Conventional Paradigms for Modelling, Prediction and Control[J]. International Journal of Systems Science, 1997, 28(1): 65-81.

[78] NIYOGI P, GIROSI F, POGGIO T. Incorporating Prior Information in Machine Learning by Creating Virtual Examples[J]. Proceedings of the IEEE, 1998, 86(11): 2196-2209.

[79] SALTAN M, UZ V E, AKTAS B. Artificial Neural Networks-based Backcalculation of the Structural Properties of a Typical Flexible Pavement[J]. Neural Computing and Applications, 2013, 23(6): 1703-1710.

[80] ABAMBRES M, FERREIRA A. Application of ANN in Pavement Engineering: State-of-Art[J]. Available at SSRN 3351973, 2017.

[81] 钱劲松, 孙超, 赵鸿铎. 融合先验知识的路面PCI支持向量机预测方法[J]. 武汉理工大学学报(交通科学与工程版), 2016, 40(2): 331-334.

[82] XU K L, DARVE E. Physics Constrained Learning for Data-dr. Inverse Modeling from Sparse Observations[J]. Computation Physics, 2022, 453.

[83] STEWART R, ERMON S. Label-free Supervision of Neural Networks with Physics and Domain Knowledge[C]. Thirty-First AAAI Conference on Artificial Intelligence, 2017.

[84] DE BEZENAC E, PAJOT A, GALLINARI P. Deep Learning for Physical Processes: Incorporating Prior Scientific Knowledge[J]. Journal of Statistical Mechanics: Theory and Experiment, 2019, 2019(12).

[85] FELLNER M, DELGADO A, BECKER T. Functional Nodes in Dynamic Neural Networks for Bioprocess Modelling[J]. Bioprocess and Biosystems Engineering, 2003, 25(5): 263-270.

[86] 周鹏飞, 温胜强, 康海贵. 基于马尔可夫链与神经网络组合的路面使用性能预测[J]. 重庆交通大学学报(自然科学版), 2012, 31(5): 997-1001.

[87] 孙立军. 沥青路面结构行为学[M]. 上海: 同济大学出版社, 2013.

[88] YANG H, Bell M G, MENG Q. Modeling the Capacity and Level of Service of Urban Transportation Networks[J]. Transportation Research Part B: Methodological, 2000, 34(4): 255-275.

[89] 饭田恭敬. 交通工程学[M]. 北京: 人民交通出版社, 1993.

[90] 尹娟. 路网通行能力评价[D]. 长沙: 长沙理工大学, 1998.

[91] IBRAHIM A T, HALL F L. Effect of Adverse Weather Conditions on Speed-flow-occupancy Relationships[J]. Transportation Research Record, 1994, 1457: 184-191.

[92] SHANKAR V, MANNERING F. Modelling the Endogeneity of Lane-mean Speeds and Lane-speed Deviations: A Structural Equations Approach[J]. Transportation Research Part A, 1998, 32(5): 311-322.

[93] DAIGLE G, THOMAS M, VASUDEVAN M. Field Applications of CORSIM: I-40 Freeway Design Evaluation[C]. Simulation Conference Proceedings, Oklahoma City, 1998.

[94] CHANDRA S, KUMAR U. Effect of Lane Width on Capacity under Mixed Traffic Conditions in India[J]. Journal of Transportation Engineering, 2003, 129(2): 155-160.

[95] WAKABAYASHI H, IIDA Y. Upper and Lower Bounds of Terminal Reliability of Road Networks: An Efficient Method with Boolean Algebra[J]. Journal of Natural Disaster Science, 1992, 14(1): 29-44.

[96] 杨东援, 马哲军. 路网容量分析的理论与方法[C]. 中国土木工程学会第七届年会论文集, 1995: 128-133.

[97] 杨涛, 徐吉谦. 运输网络极大流的一种新算法[J]. 土木工程学报, 1991(1): 8-16.

[98] 许伦辉, 徐建闽, 周其节. 路段通行能力约束下路网最大交通量的确定[J]. 公路, 1997(11): 30-33.

[99] 丁以中. 交通运输网络规划[M]. 大连: 大连海事大学出版社, 2000.

[100] 刘海旭, 蒲云. 基于路段走行时间可靠性的路网容量可靠性[J]. 西南交通大学学报, 2004, 39(5): 573-576.

[101] 谢军, 严宝杰, 张生瑞, 等. 城市环形交叉口通行能力理论模型[J]. 长安大学学报(自然科学版), 2007, 27(4): 75-78.

[102] 温培培, 苏子毅, 翟润平. 基于中观仿真的路网容量算法研究[J]. 科技信息, 2009(13): 442-443.

[103] 陈春妹. 路网容量研究[D]. 北京: 北京工业大学, 2002.

[104] 温冬梅. 随机交通流网络行程时间可靠度近似算法研究[D]. 长沙: 长沙理工大学, 2007.

[105] 金宝辉. 出行路径选择行为影响下的交通分配模型研究[D]. 成都: 西南交通大学, 2016.

[106] 黄海军. 城市交通网络平衡分析理论与实践[M]. 北京: 人民交通出版社, 1994.

[107] RAZO M, GAO S. A Rank-dependent Expected Utility Model for Strategic Route Choice with Stated Preference Data[J]. Transportation Research Part C, 2013, 27: 117-130.

[108] SHAHABI M, UNNIKRISHNAN A, BOYLES S D. An Outer Approximation Algorithm for the Robust Shortest Path Problem[J]. Transportation Research Part E, 2013, 58: 52-66.

[109] JOU R C, CHEN K H. An Application of Cumulative Prospect Theory to Freeway Drivers' Route Choice Behaviors[J]. Transportation Research Part A, 2013, 49: 123-131.

[110] XU H, ZHOU J, XU W. A Decision-Making Rule for Modeling Travelers' Route Choice Behavior Based on Cumulative Prospect Theory[J]. Transportation Research Part C, 2011, 19(2): 218-228.

[111] FENG Z, GAO Z, SUN H. Bounding the Inefficiency of Atomic Split Table Selfish Traffic Equilibria with Elastic Demands[J]. Transportation Research Part E, 2014, 63: 31-43.

[112] KALINA P, VOKRINEK J, MARIK V. Agents Toward Vehicle Routing Problem with Time Windows[J]. Journal of Intelligent Transportation systems Technology Planning

and Operations, 2015, 19(1): 3-17.

[113] AUNGSUYANON A, BOYCE D, RAN B. Assessment of Adherence to the Condition of Proportionality in User Equilibrium Traffic Assignments with Uniquely Determined Route Flows[J]. Transportation Research Record, 2013, 2334(1): 60-74.

[114] ZHANG K, MAHMASSANI H S, LU C C. Dynamic Pricing, Heterogeneous Users and Perception Error: Probit-based Bi-criterion Dynamic Stochastic User Equilibrium Assignment[J]. Transportation Research Part C, 2013, 27: 189-204.

[115] HAWAS Y E. Simulation Based Regression Models to Estimate Bus Routes and Network Travel Times[J]. Journal of Public Transportation, 2013, 16(4): 107-130.

[116] BLIEMER M C J, RAADSEN M P H, SMITS E S, et al. Quasi-dynamic Traffic Assignment with Residual Point Queues Incorporating a First Order Node Model[J]. Transportation Research Part B, 2014, 68: 363-384.

[117] 陆化普. 智能运输系统[M]. 北京：人民交通出版社，2002.

[118] 袁媛，汪定伟. 灾害扩散实时影响下的应急疏散路径选择模型[J]. 系统仿真学报，2008, 20(6): 1563-1566.

[119] 李卓，李引珍，李文霞. 考虑有限理性的震后应急路径选择模型[J]. 中国安全科学学报，2019, 29(2): 184-190.

[120] 朱莉. 考虑效率和公平的跨区域协同应急救援路径选择[J]. 控制与决策，2021, 36(2): 483-490.

[121] 李博文，余博，杨晓明. 基于模糊神经网络的应急物流最优路径选择[J]. 物流技术，2009, 28(12): 162-163, 174.

[122] 崔丽群，张明杰，许堃. 基于改进蚁群算法的应急救援路线选择[J]. 计算机工程与应用，2014(23): 256-260.

[123] 赵振亚，董星奎. 基于微粒群算法的最小风险路径应急物资调度问题研究[J]. 大连交通大学学报，2019, 40(5): 13-17, 23.

[124] 邹娟平，袁鑫，骆金鸿. 双层蚁群优化算法的舰船应急物流路径规划方法研究[J]. 舰船科学技术，2019, 41(16): 205-207.

[125] 石京，陶立. 实时交通信息提供对驾驶员路径选择行为影响量化分析[J]. 武汉理工大学学报(交通科学与工程版)，2010, 34(4): 639-643.

[126] 干宏程. VMS诱导信息影响下的路径选择行为分析[J]. 系统工程，2008, 26(3): 11-16.

[127] 李昕，刘澜，戢晓峰. ATIS影响下的基于广义成本的随机用户平衡模型[J]. 交通运

输系统工程与信息, 2009, 9(2): 50-55.

[128] 安实, 李静, 崔娜. ATIS环境下通勤者逐日出行路径更换行为仿真[J]. 吉林大学学报(工学版), 2009, 39(3): 587-592.

[129] 胡文君. 基于动态用户均衡的同时路径和出发时间选择模型[J]. 公路交通科技, 2011, 28(2): 103-110.

[130] 李曙光, 白秋产, 周庆华. 具有变需求的多模式随机动态同时的路径和出发时间问题研究[J]. 公路交通科技, 2007, 24(8): 128-131, 139.

[131] 加里·S. 贝克尔. 人类行为的经济分析[M]. 王业宇, 陈琪, 译. 上海: 上海人民出版社, 1995: 1-19.

[132] FRED N K. Foundations of Behavioral Research: Educational and Psychological Inquiry[J]. American Anthropologist, 2009, 67(2): 600-601.

[133] RAMOS G D M, DAAMEN W, Hoogendoorn S. Expected Utility Theory, Prospect Theory, and Regret Theory Compared for Prediction of Route Choice Behavior[J]. Transportation Research Record, 2011, 2230(1): 19-28.

[134] PAPINSKI D, SCOTT D M, DOHERTY S T. Exploring the Route Choice Decision-making Process: A Comparison of Planned and Observed Routes Obtained Using Person-based GPS[J]. Transportation Research Part F, 2009, 12(4): 347-358.

[135] BEKHOR S, ALBERT G. Accounting for Sensation Seeking in Route Choice Behavior with Travel Time Information[J]. Transportation Research Part F: Traffic Psychology and Behaviour, 2014, 22: 39-49.

[136] SVENSON O, ERIKSSON G, SALO I, et al. Judgments of Mean Speed and Predictions of Route Choice[J]. Transportation Research Part F: Traffic Psychology and Behaviour, 2011, 14(6): 504-511.

[137] FOSGERAU M, FREJINGER E, KARLSTROM A. A link Based Network Route Choice Model with Unrestricted Choice Set[J]. Transportation Research Part B: Methodological, 2013, 56: 70-80.